EDITORA DO CONHECIMENTO

Auxiliando a humanidade a encontrar a Verdade

Série
Memórias do Espiritismo

Fotos e ilustrações da página anterior (de cima para baixo, a partir da esquerda):
Gabriel Delanne, Bezerra de Menezes, Allan Kardec, Leon Denis;
William Crookes, Alfred Russel Wallace, Alexander Aksakof, Oliver Lodge;
Yvonne do Amaral Pereira, Alfred Binet, Ernesto Bozzano, Arthur Conan Doyle;
Hercílio Maes, Caibar Schutel, Gustavo Geley, Eurípedes Barsanulfo;
Victor Hugo, Charles Robert Richet, Cesare Lombroso, Pierre Gaetan Leymarie;
Andrew Jackson Davies, Camille Flammarion, Francisco Cândido Xavier, Emanuel Swedenborg.

Reconhecemos a ausência de inúmeros expoentes do espiritismo nesta galeria de imagens. Em razão do limitado espaço, escolhemos apenas algumas personalidades ilustres para representar todos aqueles que gostaríamos de homenagear.

Urânia

Urânia

Camille Flamarion (1842-1925)

Todos os direitos desta edição reservados à
CONHECIMENTO EDITORIAL LTDA.
Rua Prof. Paulo Chaves, 276 - Vila Teixeira Marques
CEP 13480-970 — Limeira — SP
Fone/Fax: 19 3451-5440
www.edconhecimento.com.br
vendas@edconhecimento.com.br

Tradução: Maria Alice Farah Antonio
Revisão: Mariléa de Castro
Projeto gráfico: Sérgio Carvalho
Ilustração da capa: Banco de imagens

ISBN 978-85-7618-251-1
1ª Edição - 2011

• Impresso no Brasil • Presita en Brazilo

Produzido no departamento gráfico da
CONHECIMENTO EDITORIAL LTDA
Fone: 19 3451-5440
e-mail: conhecimento@edconhecimento.com.br

Dados Internacionais de Catalogação na Publicação (CIP)
(Câmara Brasileira do Livro, SP, Brasil)

Flamarion, Camille, 1842-1925
Urânia / Camille Flamarion ; [tradução Maria Alice Farah Antonio] — 1ª ed. — Limeira, SP : Editora do Conhecimento, 2011. — [Série Memórias do Espiritismo ; v. 9]

Título original: *Uranie*
ISBN 978-85-7618-251-1

1. Espiritismo 2. Romance espírita I. Título

11-12320 CDD - 133.9

Índices para catálogo sistemático:
1. Romance espírita : Espiritismo : 133.9

Camille Flammarion

Urânia

1ª edição
2011

EDITORA DO CONHECIMENTO

Sumário

Primeira Parte

A musa do céu

Capítulo I

Sonho de adolescência

Eu tinha dezessete anos. Ela se chamava Urânia.

Seria Urânia alguma moça loura de olhos azuis, um sonho de primavera, uma inocente mas curiosa filha de Eva? Não, era simplesmente, como outrora, uma das nove Musas, a que presidia a Astronomia, e cujo olhar celeste animava e regia o coro das esferas; era a ideia angélica que plana por sobre as opressões terrenas; não possuía nem a carne perturbadora, nem o coração cujas palpitações se comunicam à distância, nem o morno calor da vida humana; entretanto, ela existia em uma espécie de mundo ideal, superior e sempre puro e, contudo, era bem humana, por seu nome e por sua forma, para produzir em uma alma de adolescente uma impressão viva e profunda, para fazer nascer nessa alma um sentimento indefinido, indefinível, de admiração e quase de amor.

O rapaz cuja mão ainda não tocou o fruto divino da árvore do Paraíso e cujos lábios permaneceram ignorantes, cujo coração ainda não falou, cujos sentidos despertam em meio do indefinido de novas aspirações, esse pressente, nas horas de solidão, e mesmo através dos trabalhos intelectuais com que a educação contemporânea sobrecarrega o seu cérebro, o culto ao qual logo deverá sacrificar, e personifica, antecipadamente, sob formas variadas, o ser encantador que flutua na atmosfera dos seus sonhos. Ele quer, deseja alcançar esse ser desconhecido, mas não o ousa ainda, e talvez não o ousasse jamais, na candura de sua admiração, se alguma ajuda caridosa não lhe viesse em auxílio. Se Chloé não é instruída, é preciso que a indiscreta e curiosa Lycenion se incumba de instruir Daphnis.

Tudo o que nos fala da atração ainda desconhecida pode encantar-nos, impressionar-nos, seduzir-nos. Uma fria gravura, mostrando o oval de um puro rosto, uma pintura, mesmo antiga, uma escultura – sobretudo uma escultura – desperta um movimento novo em nossos corações, o sangue se precipita ou se detém, a ideia atravessa como um relâmpago nossa fronte enrubescida e permanece flutuante em nossa mente sonhadora. É o começo dos desejos, é o prelúdio da vida, é a aurora de um belo dia de verão anunciando o nascer do Sol. Quanto a mim, o meu primeiro amor, a minha adolescente paixão tinha, não por objeto seguramente, mas por causa determinante... uma pêndula!... É bem bizarro, mas é assim. Cálculos muito insípidos ocupavam todas as minhas tardes, das duas às quatro horas: tratava-se de corrigir as observações de estrelas ou de planetas feitas na noite precedente, aplicando-lhes as reduções provenientes da refração atmosférica, a qual depende também da altura do barômetro e da temperatura. Esses cálculos são tão simples quanto tediosos; são feitos maquinalmente, com o auxílio de tabelas preparadas e pensando em outra coisa totalmente diferente.

O ilustre Le Verrier era então diretor do Observatório de Paris. Nada tendo de artista, possuía entretanto, em seu gabinete de trabalho, uma pêndula de bronze dourado, de aparência muito bonita, datando do fim do primeiro Império e devida ao cinzel de Pradier. O soclo dessa pêndula representava, em baixo-relevo, o nascimento da Astronomia nas planícies do Egito. Uma esfera celeste maciça, cingida do círculo zodiacal, sustentada por esfinges, dominava o mostrador. Deuses egípcios ornavam os lados. Mas a beleza dessa obra artística consistia, sobretudo, em uma encantadora estatueta de Urânia, nobre, elegante, eu diria quase majestosa.

A Musa celeste estava de pé. Com a mão direita media, com a ajuda de um compasso, os graus da esfera estrelada; sua mão esquerda, abaixada, segurava uma pequena luneta astronômica. Soberbamente vestida, ela planava em atitude de nobreza e grandeza. Eu ainda não vira semblante mais belo do que o seu. Iluminado de frente, esse puro rosto se mostrava grave e austero. Se a luz incidisse obliquamente, ele se tornava, antes, meditativo. Mas se a luz viesse de cima e de lado, esse rosto encantado se iluminava de misterioso sorriso, seu olhar se tornava quase terno, e essa delicada serenidade se transformava subitamente em uma expressão de alegria, de amenidade e de felicidade, que dava prazer em contemplar. Era como um cântico interior, uma poética melodia. Essas mudanças de expressão faziam verdadeiramente a estátua viver. Musa ou deusa, ela era bela, encantadora, admirável.

Cada vez que eu era chamado pelo eminente matemático, não era a sua glória universal que mais me impressionava. Eu esquecia as fórmulas de logaritmos, e até a imortal descoberta do planeta Netuno, para me submeter ao encanto da obra de Pradier. Aquele belo corpo, tão admiravelmente modelado sob sua roupagem antiga, aquela graciosa articulação do pescoço, aquele rosto expressivo, atraíam meus olhares e cativavam meu pensamento. Muitas vezes, quando em torno das quatro horas deixávamos o gabinete para voltar a Paris, eu espreitava pela porta entreaberta a ausência do diretor. Segundas e quartas-feiras eram os melhores dias: às segundas-feiras, devido às sessões do Instituto, às quais pouco faltava, embora sempre lá chegasse com ar de desdenhosa altivez; às quartas, por causa das reuniões do Gabinete das Longitudes, das quais se retirava com o mais profundo desdém, e que o faziam deixar o Observatório deliberadamente para melhor mostrar o seu desprezo. Então, eu me colocava bem diante de minha querida Urânia, contemplava-a à vontade, extasiava-me com a beleza de suas formas e partia mais satisfeito, mas talvez não mais feliz. Ela me encantava, mas me deixava saudades.

Certa noite – a noite em que descobri suas mudanças de fisionomia conforme a luminosidade, – eu tinha encontrado o gabinete inteiramente aberto, uma lâmpada colocada sobre a lareira e iluminando a Musa sob um de seus aspectos mais sedutores. A luz oblíqua acariciava-lhe docemente a fronte, as faces, os lábios e o colo. A expressão era maravilhosa. Aproximei-me e a contemplei, de início imóvel. Tive depois a ideia de deslocar a lâmpada e de projetar a luz sobre os ombros, o braço, o pescoço e a cabeleira. A estátua parecia viver, pensar, despertar e até sorrir. Sensação bizarra, sentimento estranho, eu estava verdadeiramente apaixonado; de admirador, eu me tornara enamorado. Eu ficaria muito surpreso, então, se me tivessem afirmado que esse não era o verdadeiro amor e que esse platonismo era apenas um sonho infantil. O Diretor chegou e não pareceu tão surpreso com a minha presença quanto eu pudera temer (passávamos algumas vezes por aquele gabinete para ir às salas de observação). Mas no momento em que eu recolocava a lâmpada sobre a lareira, ele me disse:

– Estais atrasado para a observação de Júpiter.

E enquanto eu transpunha a porta, ele acrescentou em tom de profundo desdém, acentuando longamente a penúltima sílaba, como se estivesse dizendo *poeeeta*.

– Por acaso o senhor é poeta?

Eu poderia ter-lhe replicado com os exemplos de Kepler, de Galileu, de d'Alembert, dos dois Herschel e de outros ilustres cientistas, que foram poetas e astrônomos ao mesmo tempo; poderia, até, ter-lhe feito lembrar-se do primeiro diretor do Observatório, Jean-Dominique Cassini, que cantou Urânia em versos latinos, italianos e franceses; mas os alunos do Observatório não tinham o costume de replicar o que quer que fosse ao senador-diretor: Os senadores eram, então, autoridades, e o diretor do Observatório era, então, inamovível. E depois, seguramente, o nosso grande geômetra teria considerado o mais maravilhoso poema de Dante, de Ariosto, ou de Hugo, com o mesmo ar de profundo desdém com que um bonito cão da raça terranova olha um copo de vinho que alguém aproxima de seu focinho. Além disso, eu estava incontestavelmente errado.

Como aquela fascinante estátua de Urânia me perseguia com todas as suas deliciosas expressões de fisionomia! O seu sorriso era tão gracioso! E depois, seus olhos de bronze tinham às vezes um verdadeiro olhar. Apenas lhe faltava a palavra. Ora, na noite seguinte, mal acabara de adormecer, quando eu revi diante de mim a sublime deusa, e desta vez ela me falou.

Oh! Ela estava bem viva. E que linda boca! Eu teria beijado cada palavra..."Vem, disse-me, vem ao céu, lá em cima, longe da Terra; tu dominarás este mundo; contemplarás o imenso Universo em sua grandeza. Olha, vê!".

Capítulo II

A musa do céu. Viagem entre os universos e os mundos. As humanidades desconhecidas

Então, eu vi a Terra que tombava nas profundezas abertas da imensidão; as cúpulas do Observatório, Paris iluminada desciam rapidamente; sentindo-me imóvel, tive a impressão análoga à que experimentamos em balão, quando, elevando-nos nos ares, vemos a Terra descer. Subi, subi durante muito tempo, levado por um mágico impulso para o zênite inacessível. Urânia estava ao meu lado, um pouco mais elevada, olhando-me com doçura e mostrando-me os reinos terrestres. O dia voltara. Reconheci a França, o Reno, a Alemanha, a Áustria, a Itália, o Mediterrâneo, a Espanha, o Oceano Atlântico, a Mancha, a Inglaterra. Mas toda essa liliputiana geografia encolhia rapidamente. Logo o globo terrestre foi reduzido às dimensões aparentes da lua em sua última fase, depois às de uma pequena lua cheia.

– Eis – disse-me ela –, o famoso globo terrestre sobre o qual se agitam tantas paixões, e que encerra em seu círculo estreito o pensamento de tantos milhões de seres cuja vista não atinge o além. Vê quanto a sua aparente grandeza diminui à medida que o nosso horizonte se expande. Já não mais distinguimos a Europa da Ásia. Eis o Canadá e a América do Norte. Como tudo isso é minúsculo!

Passando pelas vizinhanças da Lua, eu havia notado as paisagens montanhosas do nosso satélite, os cimos radiantes de luz, os profundos vales cheios de sombras, e eu gostaria de ter me detido para estudar mais de perto aquele local vizinho; mas, sem mesmo dignar-se a lançar para ela um simples olhar, Urânia me arrastava em rápido voo para as regiões siderais.

Subíamos sempre. A Terra, diminuindo cada vez mais, à medida que dela nos afastávamos, chegou a ficar reduzida ao aspecto de uma simples estrela, brilhando com a luz solar no seio da imensidão vazia e negra. Tínhamo-nos voltado para o Sol, que flamejava no espaço sem iluminá-lo, e víamos, juntamente com ele, as estrelas e os planetas, que a sua luz não mais apagava, porque ela não iluminava o éter invisível. A angélica deusa mostrou-me Mercúrio, na vizinhança do Sol; Vênus, que brilhava do lado oposto; a Terra, comparada a Vênus, em aspecto e em brilho; Marte, cujos mediterrâneos e canais reconheci; Júpiter, com as suas quatro luas enormes; Saturno, Urano...

– Todos esses mundos – disse-me ela – são sustentados no vácuo pela atração do Sol, em torno do qual circulam rapidamente. É um coro harmonioso, gravitando ao redor do centro. A Terra não é mais do que uma ilha flutuante, uma aldeia dessa grande pátria solar, e esse império solar não é, ele próprio, mais do que uma província no seio da imensidão sideral.

Subíamos sempre. O Sol e seu sistema distanciavam-se rapidamente; a Terra não era mais que um ponto; o próprio Júpiter, esse mundo tão colossal, mostrou-se reduzido, como Marte e Vênus, a um pontinho minúsculo, apenas superior ao da Terra.

Passamos próximo a Saturno, cingido pelos seus anéis gigantescos, e cujo testemunho apenas bastaria para provar a imensa e inimaginável variedade que reina no universo; Saturno, verdadeiro sistema em si, com os seus anéis formados de corpúsculos conduzidos em uma rotação vertiginosa, e com os seus oito satélites acompanhando-o como um celeste cortejo!

À medida que subíamos, o nosso Sol diminuía de grandeza. Logo se rebaixou à categoria de estrela, depois perdeu toda a majestade, toda a superioridade sobre a população sideral, e não foi mais do que uma estrela, apenas mais brilhante do que as outras. Eu contemplava toda aquela imensidão estrelada, no seio da qual nos elevávamos sempre, e procurava reconhecer as constelações; mas elas começavam a mudar sensivelmente de forma, por causa da diferença de perspectiva causada pela minha viagem; a Via Láctea ruíra sob o nosso voo, como uma catarata de sóis em fusão, tombando ao fundo do Infinito; as estrelas das quais nos aproximávamos difundiam brilhos fantásticos, lançando como rios de luzes, irradiações de ouro e de prata, cegando-nos de fulgurantes claridades. Acreditei ver o nosso Sol, transformado insensivelmente em uma pequena estrela, reunir-se à constelação do Centauro, enquanto uma nova luz, pálida, azulada, bastante estranha, chegava-me da região para a qual Urânia me conduzia. Essa claridade nada tinha de terrestre e não me fazia lembrar nenhum dos efeitos que eu havia admirado nas paisagens da Terra, nem entre os tons tão irisados dos crepúsculos depois da tempestade, nem nas brumas indecisas da manhã, nem durante as horas calmas e silenciosas do luar no espelho do mar. Este último efeito era talvez aquele de que essa claridade mais se aproximava, mas aquela estranha luz era – e se tornava cada vez mais – verdadeiramente azul, não de um reflexo do anil celeste ou de um contraste análogo ao que produz a luz elétrica comparada à do gás, mas azul como se o próprio Sol fosse azul!

Qual não foi a minha estupefação, quando percebi que nos aproximávamos, realmente, de um sol totalmente azul, como um disco brilhante que houvesse sido recortado nos nossos mais belos céus terrestres, destacando-se luminosamente sobre um fundo totalmente negro, todo constelado de estrelas! Esse sol safira era o centro de um sistema de planetas iluminados pela sua luz. Íamos passar bem perto de um desses planetas. O sol azul aumentava a olhos vistos; mas, novidade tão singular quanto a primeira, a luz com que ele iluminava aquele planeta mesclava-se de um determinado lado com uma coloração verde. Olhei de novo para o céu e avistei um segundo sol e esse de um belo verde-esmeralda! Não acreditava em meus olhos.

– Estamos atravessando – disse Urânia – o sistema solar de Gama Andrômeda (Almach), do qual ainda não vês mais do que uma parte, pois ele se compõe, na realidade, não destes dois sóis, mas de três, um azul, um verde, e um amarelo-alaranjado. O sol azul, que é o menor, gira em torno do sol verde que, por sua vez, gravita com seu companheiro em torno do grande sol alaranjado que logo vais avistar.

Realmente, logo vi aparecer um terceiro sol, colorido dessa ardente irradiação, cujo contraste com seus dois companheiros produzia a mais estranha das claridades. Eu conhecia bem esse curioso sistema sideral, por tê-lo mais de uma vez observado ao telescópio; mas eu nem suspeitava do seu real esplendor. Que fornalhas, que deslumbramentos! Que vivacidade de cores nessa estranha fonte de luz azul, nessa iluminação verde do segundo sol, e nessa irradiação de ouro fulvo do terceiro!

Mas havíamo-nos aproximado, como eu disse, de um dos mundos pertencentes ao sistema do sol safira. Tudo era azul: paisagens, águas, plantas, rochedos, ligeiramente esverdeados do lado iluminado pelo segundo sol, e apenas tocados pelos raios do sol que se erguia no horizonte longínquo. À medida que penetrávamos a atmosfera daquele mundo, uma música suave e deliciosa elevava-se pelos ares como um perfume, como um sonho. Jamais eu ouvira algo semelhante. A doce melodia, profunda, longínqua, parecia vir de uma orquestra de harpas e violinos apoiada por um acompanhamento de órgãos. Era um canto raro, que encantava desde o primeiro instante, que não precisava de análise para ser compreendido e enchia a alma de volúpia. Parecia-me que teria ficado uma eternidade a ouvi-lo: não ousei dirigir a palavra a minha guia, tanto que eu temia perder uma nota. Urânia percebeu. Estendeu a mão para um lago e com o dedo indicou-me um grupo de seres alados que planavam sobre as águas azuis.

Não tinham a forma humana terrena. Eram seres evidentemente organizados para viverem no ar. Pareciam tecidos de luz. De longe, tomei-os, a princípio, por libélulas: eles tinham suas formas esbeltas e elegantes, as vastas asas, a vivacidade, a leveza. Mas, examinando-os mais de perto, notei sua estatura, que não era inferior à nossa, e reconheci, pela expressão de seus olhares, que não eram animais. As suas cabeças assemelhavam-se, igualmente, às das libélulas e, como esses seres aéreos, não tinham pernas. A música tão deliciosa que eu ouvia não era senão o ruído de seu voo. Eles eram muito numerosos, vários milhares talvez.

Viam-se, nos cumes das montanhas, plantas que não eram nem árvores, nem flores, que erguiam frágeis hastes a enormes alturas, e essas hastes ramificadas sustentavam, como braços estendidos, amplas taças em forma de tulipas. Essas plantas eram animadas; pelo menos como nossas sensitivas, e mais ainda; e, qual o desmódio de folhas móveis, manifestavam por movimentos as suas impressões interiores. Esses pequenos bosques formavam verdadeiras cidades vegetais. Os habitantes daquele mundo não tinham outras moradas a não ser esses bosques, e era no meio dessas sensitivas perfumadas que eles repousavam, quando não flutuavam nos ares.

– Este mundo te parece fantástico – disse Urânia – e te perguntas que ideias podem ter tais seres, que costumes, que história, que espécie de artes, de literatura e de ciências. Seria demorado responder a todas as perguntas que poderias fazer. Sabe apenas que seus olhos são superiores aos vossos melhores telescópios; que seu sistema nervoso vibra à passagem de um cometa e descobre eletricamente fatos que na Terra vós jamais conhecereis. Os órgãos que estás vendo abaixo das asas lhes servem de mãos, mais hábeis que as vossas. Por imprensa eles possuem a fotografia direta dos acontecimentos e a fixação fonética das próprias palavras. Não se ocupam, além disso, senão de pesquisas científicas, isto é, do estudo da natureza. As três paixões que absorvem a maior parte da vida terrestre, o insaciável desejo da riqueza, a ambição política e o amor lhes são desconhecidas, porque de nada necessitam para viver, pois não há divisões internacionais, nem outro governo além de um conselho de administração, e porque são andróginos.

– Andróginos! – repliquei. E ousei acrescentar: Será melhor?

– É *diferente*. São grandes perturbações a menos em uma humanidade. É preciso – continuou ela – livrar-se inteiramente das sensações e das ideias terrenas para estar em situação de compreender a diversidade infinita manifestada pelas diferentes formas da Criação. Da mesma forma que em vosso planeta as espécies modificaram-se de era em era, desde os seres tão estranhos das primeiras eras geológicas até o aparecimento da humanidade; assim como ainda agora a população animal e vegetal da Terra é composta das mais diversas formas, do homem ao coral, do pássaro ao peixe, do elefante à borboleta; assim também, e em uma extensão incomparavelmente mais vasta, entre as inumeráveis terras do céu, as forças da natureza deram origem a uma infinita diversidade de seres e de coisas. A forma dos seres é, em cada mundo, o resultado dos elementos específicos a cada globo: substância, calor, luz, eletricidade, densidade, gravidade. As formas, os órgãos, a quantidade de sentidos – vós tendes apenas cinco e bastante pobres – dependem das condições vitais de cada esfera. A vida é terrestre na Terra, marciana em Marte, saturniana em Saturno, netuniana em Netuno, em suma, apropriada a cada local, ou, melhor dizendo, mais rigorosamente ainda, produzida e desenvolvida por cada mundo, segundo o seu estado orgânico, e de acordo com uma lei primordial a que obedece a natureza inteira: a lei do Progresso.

Enquanto ela me falava, eu acompanhara com o olhar o voo dos seres aéreos para a cidade florida e vira com estupefação as plantas se moverem, erguendo-se ou abaixando-se para recebê-los; o sol verde descera abaixo do horizonte e o sol cor de laranja elevara-se no céu; a paisagem estava adornada de coloração feérica, sobre a qual pairava uma lua enorme, metade alaranjada, metade verde. Então, a imensa melodia que dominava a atmosfera parou e, em meio a um profundo silêncio, ouvi um cântico, elevando-se em voz tão pura que nenhuma voz humana lhe poderia ser comparada.

– Que maravilhoso sistema – exclamei eu – que é este mundo iluminado por semelhantes luzes! São estrelas duplas, triplas, múltiplas, vistas de perto?

– São esplêndidos sóis estas estrelas! – respondeu-me a deusa. – Graciosamente associados nos laços de uma atração mútua, vós as avistais da Terra, embalados dois a dois no seio dos céus, sempre belos, sempre luminosos, sempre puros. Suspensos no infinito, eles se apoiam um no outro sem jamais se tocarem, como se a sua união, mais moral que material, fosse regida por um princípio invisível e superior, e seguindo harmoniosas curvas, gravitam em cadência um ao redor do outro, celestes casais desabrochados na primavera da Criação, nos campos constelados da imensidão. Enquanto os sóis simples como o vosso brilham solitários, fixos, tranquilos, nos desertos do espaço, os sóis duplos e múltiplos parecem animar, com os seus movimentos, a sua coloração e sua vida, as regiões silenciosas do vazio eterno. Esses relógios siderais marcam para vós os séculos e as eras dos outros universos. Mas – acrescentou –, continuemos a nossa viagem. Estamos apenas a alguns trilhões de léguas da Terra.

– Alguns *trilhões*?

– Sim. Se pudéssemos ouvir daqui os ruídos do vosso planeta, os seus vulcões, os seus bombardeios, os seus trovões, as vociferações das grandes turbas nos dias de revolução, ou os cânticos religiosos das igrejas que se elevam para o céu, a distância é tal que, admitindo que esses ruídos pudessem transpô-la com a velocidade do som no ar, eles não levariam menos de quinze milhões de anos para chegar até aqui. Ouviríamos hoje unicamente o que se passava na Terra há quinze milhões de anos. Entretanto, estamos ainda, relativamente à imensidão do Universo, muito próximos de tua pátria. Continuas a reconhecer o teu Sol, lá embaixo, como uma pequenina estrela. Não saímos do universo a que ele pertence com o seu sistema de planetas. Esse universo se compõe de vários bilhões de sóis, separados uns dos outros por trilhões de léguas. A sua extensão é tão considerável, que um raio, com a velocidade de trezentos mil quilômetros por segundo, levaria quinze mil anos para atravessá-la. E por toda parte sóis, para qualquer lado que voltemos o olhar; por toda a parte fontes de luz, de calor e de vida, fontes de inesgotável variedade, sóis de todos os brilhos, de todas as grandezas, de todas as idades, sustentados no eterno vazio, no éter luminífero,[1] pela atração mútua de todos e pelo movimento de cada um. Cada estrela, sol enorme, gira sobre si mesma, como uma esfera de fogo, e voga rumo a um fim. Vosso Sol caminha e vos leva para a constelação de Hércules; aquele cujo sistema nós acabamos de atravessar, caminha para o sul das Plêiades; Sirius se precipita para a constelação de Columba; Pólux se dirige para a Via-Láctea; todos esses milhões, todos esses bilhões de sóis correm através da imensidão com velocidades que atingem duzentos, trezentos e quatrocentos mil metros por segundo! É o movimento que sustenta o equilíbrio do Universo, que constitui sua organização, sua energia e sua vida.

1 N. T. – Éter luminífero é um meio elástico hipotético no qual se propagariam as ondas eletromagnéticas

Capítulo III

Variedade infinita dos seres. As metamorfoses

Já havia muito tempo que o sistema tricolor tinha desaparecido sob o nosso voo. Passamos pela vizinhança de grande número de mundos bem diferentes da pátria terrestre. Alguns me pareceram inteiramente cobertos de água e povoados de seres aquáticos; outros unicamente povoados de plantas. Alguns eram totalmente desprovidos de água: os que pertencem a sistemas que, tais como a estrela Alfa de Hércules, não possuem hidrogênio. Outros parecem em chamas. Paramos perto de vários deles. Que inimaginável variedade!

Em um deles, os rochedos, as plantas e as paisagens liberam, durante a noite, a luz que receberam e acumularam durante o dia. Talvez o fósforo seja uma parte importante na composição química desses corpos. É um mundo muito estranho, onde a noite é desconhecida, embora seja desprovido de satélites. Parece que seus habitantes gozam de uma propriedade orgânica muito preciosa: são constituídos de tal forma que percebem todas as funções da manutenção vital do organismo. De cada molécula do corpo, por assim dizer, parte um nervo que transmite ao cérebro as impressões variadas que ela recebe, de maneira que o homem se vê interiormente e conhece, desde o início, todas as causas das doenças e os menores sofrimentos são detidos desde os seus germes.

Em outro globo, que atravessamos também durante a noite, isto é, do lado do seu hemisfério noturno, os olhos humanos estão organizados de tal modo que são *luminosos*, que eles iluminam, como se alguma emanação fosforescente irradiasse do seu estranho foco. Uma reunião noturna, composta de grande número de pessoas, oferece um aspecto verdadeiramente fantástico, porque tanto a claridade quanto a cor dos olhos mudam conforme as diversas paixões que as animam. Além disso, a força desses olhares é tal que exercem influência elétrica e magnética de uma intensidade variável e que, em certos casos, eles podem fulminar, fazer cair morta a vítima na qual se fixa toda a energia da sua vontade.

Um pouco mais adiante, minha guia celeste me mostrou um mundo onde os organismos gozam de preciosa faculdade, ou seja: a alma pode mudar de corpo, sem passar pela circunstância da morte, muitas vezes desagradável, e sempre triste. Um sábio, que trabalhou toda a sua vida pela instrução da humanidade, e vê chegar o fim de seus dias sem ter conseguido terminar seus nobres projetos, pode mudar de corpo com um jovem adolescente e recomeçar uma vida nova, mais útil ainda do que a primeira. Para essa transmigração basta o consentimento do adolescente e a operação magnética de um médico competente. Veem-se também, por vezes, dois seres, unidos por laços de amor tão suaves e tão fortes, operarem semelhante troca de corpo, após vários anos de união: a alma do esposo vem habitar o corpo da esposa, e reciprocamente, pelo resto de sua existência. A experiência íntima da vida se torna incomparavelmente mais completa para cada um deles. Veem-se também cientistas, historiadores, desejosos de viver dois séculos em vez de um, mergulharem em sonos fictícios de hibernação artificial que lhes suspende a vida durante metade de cada ano e mesmo mais. Alguns conseguem até viver três vezes mais tempo do que a vida normal dos centenários.

Alguns momentos depois, atravessando outro sistema, encontramos um gênero de organização inteiramente diverso e, seguramente, superior ao nosso. Nos habitantes do planeta que tínhamos então sob os olhos, mundo iluminado por um brilhante sol hidrogenado, o pensamento não é obrigado a passar pela palavra para manifestar-se. Quantas vezes não nos aconteceu, quando uma ideia luminosa ou engenhosa acaba de ocupar nosso cérebro, de querermos expressá-la ou escrevê-la, e, durante o tempo em que começamos a falar ou escrever, sentir já a ideia dissipada, esvanecida, obscurecida ou metamorfoseada? Os habitantes desse planeta possuem um sexto sentido, ao qual poderíamos chamar autotelegráfico, em virtude do qual, se o autor não se opõe a isso, o pensamento se comunica ao exterior e pode ser lido em um órgão que ocupa mais ou menos o lugar da nossa fronte. Essas conversas silenciosas são muitas vezes as mais profundas e as mais precisas; são sempre as mais sinceras.

Estamos ingenuamente dispostos a crer que a organização humana nada deixa a desejar na Terra. Entretanto, nunca lamentamos ser obrigados a ouvir, contra nossa vontade, palavras desagradáveis, um discurso absurdo, um sermão totalmente vazio, música ruim, maledicências ou calúnias? Embora as nossas gramáticas pretendam que podemos "fechar os ouvidos" a esses discursos, isso infelizmente não acontece. Não podemos fechar os ouvidos, como fechamos os olhos. Há aí uma lacuna. Fiquei muito surpreso de notar um planeta onde a natureza não esqueceu esse pormenor. Como nele nos detivemos um momento, Urânia mostrou-me esses ouvidos que se fechavam como as pálpebras e interceptavam radicalmente a transmissão do som.

– Há aqui – disse-me ela, – muito menos cóleras surdas do que entre vós; mas as dissidências entre os partidos políticos são muito mais marcadas, não querendo os adversários ouvir coisa alguma, e o conseguem efetivamente, apesar dos mais loquazes advogados e dos tribunos mais bem dotados de pulmões.

Em outro mundo, cuja atmosfera está constantemente eletrizada, cuja temperatura é muito elevada, e onde os habitantes não tiveram nenhuma razão suficiente para inventarem vestimentas, certas paixões se traduzem pela iluminação de uma parte do corpo. É, em grande escala, o que se passa, em menor escala, em nossos prados terrestres, nos quais vemos, durante as doces noites de verão, os pirilampos consumindo-se, silenciosamente, em amorosa chama. O aspecto dos casais luminosos é curioso de se observar, à noite, nas grandes cidades. A cor da fosforescência difere de acordo com os sexos, e a intensidade varia segundo as idades e os temperamentos. O sexo forte acende uma chama vermelha, mais ou menos ardente, e o sexo gracioso uma chama azulada, às vezes pálida e discreta. Só os nossos vagalumes estariam aptos a ter uma ideia, muito rudimentar, da natureza das impressões sentidas por esses entes especiais. Eu não acreditava em meus olhos quando atravessávamos a atmosfera desse planeta. Mas fiquei muito mais surpreso ao chegar ao satélite daquele mundo singular.

Era uma lua solitária, iluminada por uma espécie de sol crepuscular. Um vale sombrio ofereceu-se aos nossos olhares. Das árvores disseminadas nos dois flancos do vale pendiam seres humanos envoltos em sudários. Eles mesmos tinham se atado aos ramos, pela cabeleira, e dormiam ali no mais profundo silêncio. O que eu tomara por sudário era um tecido formado pelo alongamento dos seus cabelos embaraçados e embranquecidos. Como eu me surpreendesse com semelhante situação, Urânia contou-me que era aquele o seu modo habitual de sepultamento e de ressurreição. Sim, naquele mundo os entes humanos gozam da faculdade orgânica dos insetos, que têm o dom de dormir no estado de crisálida para se metamorfosearem em borboletas aladas. Há nisso uma espécie de dupla raça humana, e os estagiários da primeira fase, os seres mais grosseiros e materiais, não aspiram senão a morrer, para ressuscitar na mais esplêndida das metamorfoses. Cada ano desse mundo representa cerca de duzentos anos terrestres. Eles ali vivem dois terços do ano em estado inferior, um terço (o inverno) em estado de crisálida e, na primavera seguinte, os suspensos sentem, insensivelmente, a vida voltar à sua carne transformada; agitam-se, despertam, deixam a pelagem na árvore e, desprendendo-se, maravilhosos seres alados, voam para as regiões aéreas, para aí viverem um novo ano fenício, isto é, duzentos anos de nosso rápido planeta.

Atravessamos, assim, grande número de sistemas e parecia-me que a eternidade inteira não teria sido bastante longa para permitir-me gozar de todas essas criações desconhecidas na Terra; mas minha guia me deixava apenas o tempo para me orientar, e novos sóis e mundos continuavam aparecendo. Em nossa travessia, tínhamos quase colidido com cometas transparentes que erravam, como sopros, de um sistema a outro, e mais de uma vez ainda eu me senti atraído por maravilhosos planetas de frescas paisagens, cujas humanidades teriam sido novos assuntos de estudo. Os cinco pobres sentidos incompletos, que constituem a nossa única bagagem orgânica, são realmente insignificantes perante a riqueza de percepções dos seres munidos de quinze, dezoito e até vinte e seis sentidos diferentes, como os que encontramos em várias terras do céu. No entanto, a Musa celeste continuava a levar-me sem parar, cada vez mais alto, cada vez mais longe, até que, enfim, chegamos ao que me pareceu os subúrbios do Universo.

Os sóis tornavam-se mais raros, menos luminosos, mais pálidos; a noite se fez mais completa entre os astros e logo nos encontramos no meio de um verdadeiro deserto; os bilhões de estrelas que constituem o universo visível da Terra estavam afastados e reduzidos a uma pequena Via-Láctea, isolada no espaço infinito.

– Eis-nos finalmente, – exclamei –, nos limites da Criação!

– Olha! – respondeu-me ela –, mostrando-me o zênite.

Capítulo IV

O infinito e a eternidade. O tempo, o espaço e a vida. Os horizontes celestes

Mas como? Era verdade? Outro universo descia em nossa direção! Milhões e milhões de sóis agrupados planavam, novo arquipélago celeste, e iam se desenvolvendo como uma vasta constelação de estrelas, à medida que subíamos. Tentei sondar com a vista, ao meu redor, em todas as profundezas, o espaço infinito, e por toda parte avistava clarões análogos, conjuntos de estrelas disseminadas em todas as distâncias.

O novo universo em que penetrávamos era, sobretudo, composto de sóis rubros, rubis e grenás. Muitos tinham definitivamente a cor do sangue.

Sua travessia foi uma verdadeira fulguração. Corríamos rapidamente de sol em sol, mas incessantes choques elétricos nos atingiam, como clarões de uma aurora boreal. Que estranhos lugares, esses mundos iluminados unicamente por sóis vermelhos! Depois, em um distrito desse universo, notamos um grupo secundário, composto de grande número de estrelas róseas e de estrelas azuladas. Subitamente, um enorme cometa, cuja cabeça parecia uma boca colossal, precipitou-se sobre nós, e nos envolveu. Acheguei-me com terror aos flancos da deusa, que por um instante desapareceu da minha vista em luminosa névoa. Mas nos tornamos a encontrar em um escuro deserto, pois esse segundo universo se afastara como o primeiro.

– A Criação – disse-me ela –, se compõe de um número

infinito de universos distintos, separados uns dos outros por abismos de nada.

– Um número *infinito*?

– Objeção matemática – replicou. Sem dúvida, um número, por maior que seja, não pode ser atualmente infinito, já que, pelo pensamento, podemos aumentá-lo sempre de uma unidade, ou mesmo duplicá-lo, triplicá-lo, centuplicá-lo. Lembra-te, porém, de que o momento atual não é mais do que uma porta pela qual o futuro se precipita para o passado. A eternidade é sem fim, e o próprio número dos universos será sem fim. Aliás, as estrelas, os sóis e os universos não formam *um número*. Eles são, melhor dizendo, sem número. Olha! Vês ainda, sempre e por toda parte, novos arquipélagos de ilhas celestes, de novos universos.

– Parece-me, ó Urânia, que já há muito tempo e com grande velocidade, estamos subindo em um céu sem limites?

– Poderíamos *sempre* subir assim – replicou ela –, e jamais atingiríamos um limite definitivo. Poderíamos vogar ali, para a esquerda, para a direita, para frente, para trás, para baixo, para não importa qual direção, e jamais, em parte nenhuma, encontraríamos alguma fronteira. Nunca, nunca um fim. Sabes onde estamos? Sabes qual caminho percorremos? Estamos... no vestíbulo do infinito, tal como o estávamos na Terra. *Não avançamos um único passo*!

❁ ❁ ❁

Grande emoção se apoderara do meu espírito. As últimas palavras de Urânia tinham-me penetrado até à medula, como um calafrio glacial. “Nunca um fim, nunca, nunca!”, – eu repetia. E não podia dizer, nem pensar outra coisa. Entretanto, a magnificência do espetáculo reapareceu a meus olhos e o aniquilamento cedeu lugar ao entusiasmo.

– A astronomia! –, exclamei. É tudo! Saber essas coisas! Viver no infinito. Oh, Urânia! O que resta das ideias humanas perante a ciência? Sombras, fantasmas!

– Oh! – disse ela–, tu vais despertar na Terra, tu admirarás ainda, e legitimamente, a ciência de teus mestres; mas, fica sabendo: a astronomia atual de vossas escolas e de vossos observatórios, a astronomia matemática, a bela ciência dos Newton, dos Laplace, dos Le Verrier, não é ainda a ciência definitiva. Não é esta, meu filho, a meta que persigo desde os dias de Hiparco e de Ptolomeu. Vê esses milhões de sóis análogos àquele que faz viver a Terra e, como ele, fontes de movimento, de atividade e de esplendor; pois bem, é esse o objeto da ciência que virá: *o estudo da vida universal e eterna*. Até hoje, não penetramos no templo. Os algarismos não são um fim, mas um meio; não representam o edifício da natureza, mas os métodos, os andaimes. Vais assistir à aurora de um novo dia. A astronomia matemática vai ceder lugar à astronomia física, ao verdadeiro estudo da natureza. Sim – acrescentou –, os astrônomos, que calculam os movimentos aparentes dos astros em sua passagem diária pelo meridiano; os que anunciam a chegada dos eclipses, dos fenômenos celestes, dos cometas periódicos; os que observam com tanto cuidado as posições precisas das estrelas e dos planetas nos diversos graus da esfera celeste; os que descobrem cometas, planetas, satélites, estrelas variáveis; os que pesquisam e determinam as perturbações produzidas nos movimentos da Terra pela atração da Lua e dos planetas; os que consagram suas vigílias a descobrir os elementos fundamentais do sistema do mundo; todos, observadores ou calculadores, são os preparadores de materiais, precursores da nova astronomia. São imensos trabalhos, labores dignos de admiração e de transcendentes obras que revelam as mais elevadas faculdades do espírito humano. Mas é o exército do passado: matemáticos e geômetras. Doravante, o coração dos pesquisadores vai pulsar por uma conquista mais nobre ainda. Todos esses grandes espíritos, ao estudarem o céu, na realidade, não saíram da Terra. O objetivo da astronomia não é o de nos mostrar a posição aparente de pontos brilhantes, nem de pesar pedras em movimento no espaço, nem de nos fazer conhecer antecipadamente os eclipses, as fases da Lua ou as marés. Tudo isso é belo, mas insuficiente. Se a vida não existisse na Terra, este planeta seria absolutamente desprovido de interesse para qualquer espírito que fosse, e podemos aplicar a mesma reflexão a todos os mundos que gravitam ao redor de bilhões de sóis, nas profundezas da imensidão.

A vida é a meta da Criação inteira. Se não houvesse vida, nem pensamento, tudo isso poderia considerado como não existente. A Criação é um poema, do qual cada letra é um sol. Estás destinado a assistir a uma completa transformação da Ciência. A matéria vai ceder lugar ao espírito.

– A vida universal! – exclamei –. Serão todos os planetas do nosso sistema solar habitados?... São habitados os bilhões de mundos que povoam o infinito?... Essas humanidades assemelham-se à nossa?... Conhecê-las-emos algum dia?...

– A época em que tu vives na Terra, a própria duração da humanidade terrestre não é mais do que um momento na eternidade.

Não compreendi essa resposta às minhas perguntas.

– Não há nenhuma razão, – acrescentou Urânia, – para que todos os mundos sejam habitados *agora*. A época atual não tem mais importância do que as que a precederam ou as que irão sucedê-la. A duração da existência da Terra será muito mais longa – talvez dez vezes mais longa – do que a do seu período vital humano. Em uma dezena de mundos, tomados ao acaso na imensidão, poderíamos, por exemplo, conforme os casos, encontrar apenas um atualmente habitado por uma raça inteligente. Uns o foram outrora; outros o serão no futuro; estes estão em preparação, aqueles percorreram todas as suas fases; aqui, berços; ali, túmulos; e depois, uma variedade infinita se revela nas manifestações das forças da natureza, não sendo a vida terrena de modo algum o tipo da vida extraterrena. Seres podem viver e pensar em organizações completamente diferentes das que conheceis em vosso planeta. Os habitantes dos outros mundos não têm a vossa forma, nem os vossos sentidos. Eles são diferentes. Dia virá, e muito proximamente, já que foste chamado a vê-lo, em que o estudo das condições da vida nas diversas províncias do Universo será o objeto essencial – e o grande encanto – da astronomia. Logo, em vez de se ocuparem simplesmente com a distância, com o movimento e com a massa material dos vossos planetas vizinhos, por exemplo, os astrônomos descobrirão sua constituição física, seus aspectos geográficos, sua climatologia, sua meteorologia; penetrarão o mistério de sua organização vital e discutirão a respeito dos seus habitantes. Descobrirão que Marte e Vênus se acham atualmente povoados de seres pensantes; que Júpiter está ainda no seu período primário de preparação orgânica; que Saturno plana em condições inteiramente diferentes das que presidiram ao estabelecimento da vida terrena e, sem jamais passar por estado análogo ao da Terra, será habitado por seres incompatíveis com os organismos terrestres. Novos métodos farão conhecer a constituição física e química dos astros, a natureza das atmosferas. Instrumentos aperfeiçoados permitirão até descobrir os testemunhos diretos da existência dessas humanidades planetárias e pensar em estabelecer comunicação com elas. Eis a transformação científica que marcará o fim do século dezenove e que inaugurará o século vinte.

Eu escutava, encantado, as palavras da Musa celeste, que aclaravam para mim, com luz completamente nova, os destinos da astronomia e me impregnavam de um ardor mais vivo ainda. Tinha sob os olhos o panorama dos mundos inumeráveis que giram no espaço, e compreendi que o objetivo da ciência devia ser o de nos fazer conhecer esses longínquos universos, de nos fazer viver nesses horizontes imensos. A bela deusa continuou:

– A missão da astronomia será mais elevada ainda. Depois de vos fazer sentir e conhecer que a Terra não é mais do que uma cidade na pátria celeste e que o homem é cidadão do céu, ela irá mais longe. Descobrindo o plano sobre o qual o universo físico está construído, ela mostrará que o universo moral se acha fundamentado sobre esse mesmo plano; que os dois mundos não formam senão um mesmo mundo e que o espírito governa a matéria. O que houver feito para o espaço, ela o fará para o tempo. Depois de haver apreciado a imensidão do espaço, e reconhecido que as mesmas leis reinam simultaneamente em todos os lugares e fazem do imenso Universo uma só unidade, sabereis que os séculos do passado e do futuro estão associados ao tempo presente, e que as mônadas[1] pensantes viverão eternamente, por meio de transformações sucessivas e

1 N. T. – Para os pitagóricos, Unidade perfeita que é o princípio das coisas materiais e espirituais. Para Leibniz, substância simples, inextensa, indivisível, ativa, que constitui o elemento último das coisas e que é dotado de desejo, de vontade e de percepção.

progressivas; aprendereis que há espíritos incomparavelmente superiores aos maiores espíritos da humanidade terrestre, e que tudo progride para a perfeição suprema; aprendereis, também, que o mundo material é apenas uma aparência e que o ser real consiste em uma força imponderável, invisível e intangível. A astronomia será, pois, eminentemente e antes de tudo, a diretriz da filosofia. Aqueles que raciocinarem fora dos conhecimentos astronômicos ficarão à margem da verdade. Os que seguirem fielmente a sua tocha, elevar-se-ão gradualmente na solução dos grandes problemas. A filosofia astronômica será a religião dos espíritos superiores.

Ela ainda acrescentou:

– Deves assistir a essa dupla transformação da ciência. Quando deixares o mundo terreno, a ciência astronômica, que tão legitimamente já admiras, estará totalmente renovada, tanto na forma quanto no espírito. Isso, porém, não é tudo. A renovação de uma ciência antiga pouco serviria ao progresso geral da humanidade, se esses sublimes conhecimentos, que desenvolvem a mente, iluminam a alma e a liberam das mediocridades sociais, ficassem encerrados no restrito círculo dos astrônomos de profissão. Esse tempo vai passar também. A dissimulação deve ser derrubada. É preciso pegar o facho, aumentar o seu brilho, levá-lo às praças públicas, às ruas populosas, até aos cruzamentos. Todo o mundo é chamado para receber a luz; estão todos sequiosos dela, sobretudo os humildes, sobretudo os deserdados da fortuna, pois esses pensam mais, estão ávidos de ciência, ao passo que os satisfeitos do século não suspeitam da sua própria ignorância e têm quase orgulho de permanecer assim. Sim, a luz da Astronomia deve ser propagada pelo mundo; deve penetrar até as massas populares, esclarecer as consciências, elevar os corações. E será essa a sua mais bela missão; será esse o seu benefício.

Capítulo V

A luz do passado. As revelações da musa

Assim falou a minha guia celeste. O seu semblante era belo como o dia, os olhos brilhavam com luminosa cintilação, a sua voz parecia música divina. Eu via os mundos circularem ao redor de nós no espaço, e sentia que imensa harmonia rege a natureza.

– Agora – disse-me Urânia –, indicando com o dedo o lugar onde o nosso Sol terrestre desaparecera, voltemos à Terra. Mas olha ainda. Compreendeste que o espaço é infinito. Vais compreender que o tempo é eterno.

Atravessamos constelações e retornamos ao sistema solar. Vi, com efeito, aparecer novamente o Sol, com a forma de pequena estrela.

–Vou dar-te por um momento, – prosseguiu ela, – se não a visão divina, ao menos a visão angélica. A tua alma sentirá as vibrações etéreas que constituem a luz, e saberá como a história de cada mundo é eterna em Deus. Ver é saber. Vê!

Da mesma forma que um microscópio nos mostra a formiga do tamanho do elefante; da mesma forma que, penetrando até os infinitamente pequenos, ele sabe tornar visível o invisível; assim também, por ordem da musa, minha vista adquiriu um inesperado poder de percepção e distinguiu no espaço, ao lado do Sol, que se eclipsou, a Terra, que de invisível, se tornou visível.

Eu a reconheci e, à medida que a olhava, o seu disco aumentava, oferecendo o aspecto da Lua alguns dias antes da fase do plenilúnio. Logo cheguei a distinguir, naquele disco crescente, os principais aspectos geográficos, a mancha nevada do Polo Norte, os contornos da Europa e da Ásia, o mar do Norte, o Atlântico, o Mediterrâneo. Quanto mais prestava atenção, melhor via. Os pormenores se tornavam cada vez mais perceptíveis, como se eu houvesse mudado gradualmente de oculares microtelescópicas. Reconheci a forma geográfica da França, mas a nossa bela Pátria pareceu-me inteiramente verde, do Reno ao Oceano e da Mancha ao Mediterrâneo, como se ela estivesse coberta por uma única e imensa floresta. Conseguia, entretanto, distinguir, cada vez melhor, os menores detalhes, pois os Alpes, os Pirineus, o Reno, o Ródano e o Loire eram fáceis de reconhecer.

– Fixa intensamente a tua atenção, – disse minha companheira.

Ao mesmo tempo em que pronunciava essas palavras, punha-me na fronte a extremidade de seus alongados dedos, como se quisesse magnetizar-me o cérebro e dar às minhas faculdades de percepção um poder maior ainda.

Então, sondei, penetrei mais atentamente ainda os detalhes da visão, e tive diante dos olhos a Gália da época de Júlio César. Era na época da guerra da independência, animada pelo patriotismo de Vercingétorix.[1]

Via esses aspectos do alto, como vemos as paisagens lunares ao telescópio, ou como avistamos uma região da nacela de um balão; mas reconheci a Gália, o Auvergne, a Gergóvia, o Puy de Dôme, os vulcões extintos, os lagos, e meu pensamento reproduziu a cena gaulesa, da qual uma imagem reduzida me chegava.

– Estamos a tal distância da Terra – disse-me Urânia –, que a luz emprega para chegar de lá até aqui todo o tempo que nos separa da época de Júlio César. Aqui, recebemos somente agora, os raios luminosos que partiram da Terra naquela época. Entretanto, a luz viaja no espaço etéreo com a velocidade de trezentos mil quilômetros por segundo. É rápido, muito rápido, mas não é instantâneo. Os astrônomos da Terra, que estão agora observando as estrelas situadas à distância em que nos encontramos, não as avistam da forma que elas têm atu-

1 N. T. – Seu nome significa "o chefe supremo dos guerreiros" Foi o chefe gaulês do povo dos arvernos que liderou batalha gaulesa contra os romanos em 53-52 a.C.

almente, mas tal qual eram no momento em que partiram os raios luminosos que chegam somente hoje, isto é, tal como elas eram há mais de dezoito séculos. Da Terra, – continuou Urânia – nem de nenhum ponto do Espaço, jamais se avistam os astros como eles são, mas sim como foram. Quanto mais afastados deles nos encontramos, mais atrasados estamos sobre a sua história. Vós observais com o maior cuidado, ao telescópio, estrelas que não existem mais. Mesmo algumas dessas estrelas, que avistais a olho nu, já não existem. Várias nebulosas, cuja substância analisais ao espectroscópio, se tornaram sóis. Várias das vossas mais belas estrelas rubras estão atualmente apagadas e mortas: aproximando-vos delas, não as veríeis mais! A luz emanada de todos os sóis que povoam a imensidão, a luz refletida no espaço por todos os mundos iluminados por esses sóis, leva através do céu infinito as fotografias de todos os séculos, de todos os dias, de todos os instantes. Olhando para um astro, vós o vedes tal como ele era no momento em que partiu a fotografia que dele recebeis, da mesma forma que, ouvindo um sino, vós recebeis o som depois que partiu, e tanto mais tempo depois quanto mais afastados dele vos encontrais. Daí resulta que a história de todos os mundos viaja atualmente no espaço, sem jamais desaparecer absolutamente, e que todos os acontecimentos passados estão presentes e indestrutíveis no seio do infinito. A duração do Universo será sem fim. A Terra acabará, e um dia não será mais do que um túmulo. Mas haverá novos sóis e novas terras, novas primaveras e novos sorrisos, e sempre a vida florirá no Universo sem limites e sem fim. Quis mostrar-te – continuou ela após um momento de pausa – de que modo o tempo é eterno. Sentiste a infinidade do espaço. Compreendeste a grandeza do Universo. Agora, tua viagem celeste está realizada. Aproximemo-nos da Terra, e volta à tua pátria. Quanto a ti – acrescentou ainda –, sabe que o estudo é a única fonte de todo o valor intelectual, e que o conhecimento do coração humano conduz à indulgência e à bondade; jamais sejas nem pobre, nem rico; livra-te de toda a ambição e de toda a servidão; sê independente: a independência é o mais raro dos bens e a primeira condição da felicidade.

Urânia falava com a sua doce voz. Mas, a comoção produzida por todos aqueles extraordinários quadros de tal modo me abalara o cérebro, que subitamente fui tomado de grande tremor. Um calafrio percorreu-me da cabeça aos pés e foi, sem dúvida, o que causou o meu súbito despertar, em meio a viva agitação... Ai! Aquela deliciosa viagem celeste estava terminada.

Procurei Urânia e não a encontrei mais. Um claro raio de Lua, penetrando pela janela do meu quarto, vinha acariciar a orla de uma cortina, e parecia desenhar vagamente a forma aérea de minha celeste guia; mas era apenas um raio de luar.

❁ ❁ ❁

Quando, no dia seguinte, voltei ao Observatório, o meu primeiro impulso foi correr, sob qualquer pretexto, para o gabinete do diretor e rever a Musa sedutora que me gratificara com tal sonho...

A pêndula desaparecera!

Em seu lugar, reinava o busto, em mármore branco, do ilustre astrônomo.

Procurei em outros cômodos e, pretextando mil coisas, até nos apartamentos; mas ela havia realmente desaparecido.

Durante dias, durante semanas, procurei, sem conseguir revê-la, nem mesmo saber o que fora feito dela.

Eu tinha um amigo, um confidente, quase da minha idade, embora parecesse um pouco menos jovem por causa de sua barba nascente, mas ele também fortemente apaixonado pelo ideal e, talvez, mais sonhador ainda; o único, aliás, de todo o pessoal do Observatório, a quem eu me havia intimamente ligado. Compartilhava as minhas alegrias e desgostos. Tínhamos os mesmos gostos, as mesmas ideias, os mesmos sentimentos. Compreendera a minha adolescente admiração por uma estátua, a personificação com que a minha imaginação a animara e a minha melancolia por haver assim subitamente perdido a minha querida Urânia, justamente no momento em que ela acabava de me ligar tão loucamente a ela. Por mais de uma vez ele admirara, comigo, os efeitos da luz sobre sua celeste fisionomia e, sorrindo de meus êxtases, como um irmão mais velho, provocando-me mesmo, um tanto vivamente, por vezes, pela minha ternura por um ídolo, chegava a ponto de chamar-me Camille Pigmalião.[2] No fundo, porém, eu via perfeitamente que ele a amava também.

Esse amigo, que infelizmente seria arrebatado alguns anos mais tarde, em plena flor da juventude, o bom GEORGES SPERO, espírito eminente e grande coração, cuja lembrança me permanecerá eternamente querida, era então secretário particular do diretor, e a sua afeição tão sincera me foi testemunhada naquela circunstância, por uma atenção tão amável quanto imprevista.

Certo dia, entrando em casa, vi, com uma estupefação quase incrédula, a formosa pêndula colocada sobre minha lareira, ali, bem na minha frente!...

Era realmente ela! Mas como fora parar ali? Que caminho percorrera? De onde viera?

Soube que o ilustre autor do descobrimento de Netuno a enviara, a fim de ser consertada, a um dos principais relojoeiros de Paris, e que este, tendo recebido da China uma antiga pêndula astronômica do mais alto interesse, a oferecera em troca, o que fora aceito; e que Georges Spero, encarregado da transação, comprara a escultura de Pradier para oferecer-me, em lembrança das lições de matemática que eu lhe havia dado.

Com que alegria tornei a ver a minha Urânia! Com que felicidade nela eu satisfiz o meu olhar! Depois, essa encantadora personificação da Musa do Céu nunca mais me deixou. Nas minhas horas de estudo, a bela estátua ficava diante de mim, parecendo recordar-me o discurso da deusa, anunciar-me os destinos da Astronomia, guiar-me nas minhas adolescentes aspirações científicas. Depois, emoções mais apaixonadas puderam seduzir, cativar, perturbar os meus sentidos; mas jamais esquecerei o sentimento ideal que a Musa das estrelas me inspirara, nem a viagem celeste em que ela me levou, nem os inesperados panoramas que exibiu aos meus olhos, nem as verdades que ela me revelou sobre a extensão e constituição do Universo, – nem a felicidade que me deu, indicando definitivamente como caminho, à minha mente, as calmas contemplações da natureza e da Ciência.

2 N. T. – Alusão a Pigmalião, escultor e rei de Chipre que se apaixonou por uma estátua, esculpida com o intuito de retratar a mulher ideal.

Segunda Parte

Georges Spero

Capítulo I

A vida. A pesquisa. O estudo

A ardente luz da tarde pairava na atmosfera como prodigiosa irradiação de ouro. Das alturas de Passy, a vista estendia-se por sobre a imensa cidade, que era então, mais do que nunca, não uma cidade, mas um mundo. A Exposição Universal de 1867 reunira naquela Paris imperial todas as atrações e todas as seduções do século. As flores da civilização lá brilhavam com as suas mais vivas cores e se consumiam no próprio ardor de seus perfumes, morrendo em plena febre da adolescência. Os soberanos da Europa acabavam de ouvir ali uma ressoante fanfarra, que foi a derradeira da monarquia; as ciências, as artes e a indústria semeavam as suas novas criações com prodigalidade inesgotável. Era como uma embriaguez geral dos seres e das coisas. Marchavam regimentos, com música à frente; rápidos carros entrecruzavam-se de todos os lados; milhões de homens se agitavam na poeira das avenidas, dos cais, dos bulevares; essa mesma poeira, dourada pelos raios do sol poente, parecia uma auréola coroando a cidade esplêndida. Os altos edifícios, os domos, as torres e os campanários iluminavam-se com os reflexos do astro esbraseado; ouviam-se, ao longe, sons de orquestra mesclados a um confuso murmúrio de vozes e ruídos diversos, e essa luminosa tarde, completando um deslumbrante dia de verão, deixava na alma um sentimento de contentamento, de satisfação, de felicidade. Lá parecia haver uma espécie de resumo simbólico das manifestações da vitalidade de um grande povo que alcançara o apogeu de sua vida e de sua fortuna.

Das alturas de Passy onde nos encontramos, do terraço de um jardim suspenso, como na época da Babilônia, acima do indolente curso do rio, dois seres, apoiados à balaustrada de pedra, contemplam o ruidoso espetáculo. Dominando aquela superfície agitada do mar humano, mais felizes em sua calma solidão do que todos os átomos daquele torvelinho, eles não pertencem ao mundo comum e pairam acima daquela agitação na atmosfera límpida de sua felicidade. Suas mentes pensam, seus corações amam, ou para expressar de forma mais completa o mesmo fato, suas almas vivem.

Na juvenil beleza de sua décima-oitava primavera, a jovem deixa errar seu olhar sonhador por sobre a apoteose do sol poente, feliz por viver, mais feliz ainda por amar. Não pensa naqueles milhões de seres humanos que se agitam aos seus pés; olha, sem vê-lo, o ardente disco do sol que desce por detrás das nuvens purpúreas do Ocidente; respira o ar perfumado das guirlandas de rosas do jardim e sente em todo o seu ser essa quietude de íntima felicidade, que canta em seu coração inefável cântico de amor. A loura cabeleira nimba sua fronte de uma auréola vaporosa e cascateia em opulentos tufos sobre sua cintura delgada e elegante; seus olhos azuis, orlados de longos cílios negros, parecem um reflexo do anil dos céus; os braços e o pescoço de brancura láctea deixam adivinhar a carne diáfana feita de transparência e luz rosada; as faces e as orelhas são vivamente coloridas; no conjunto, ela lembra um pouco aquelas pequenas marquesas dos pintores do século dezoito, nascidas para uma vida desconhecida que não deviam desfrutar por muito tempo. Ela está de pé. Seu companheiro, que há pouco lhe cingia a cintura com o braço, contemplando com ela o quadro de Paris, ouvindo com ela as ondas de harmonia propagadas nos ares pela música da guarda imperial, está sentado a seu lado. Seus olhos esqueceram Paris e o crepúsculo, para nada ver além de sua graciosa amiga e, sem perceber, contempla-a com estranha e meiga fixidez, admirando-a, como se a visse pela primeira vez, não podendo desprender-se daquele delicioso perfil, envolvendo-o com seu olhar como se fosse uma magnética carícia.

O jovem estudante continuava absorto nessa contemplação. Era ele ainda estudante aos vinte e cinco anos? E não o somos sempre? E o nosso mestre de então, o senhor Chevreuil, não se apelidava, ontem ainda, no seu centésimo-terceiro ano de idade, o decano dos estudantes da França? Georges Spero em muito boa hora terminara esses estudos de liceu que nada ensinam, a não ser o método de trabalho, e continuava a se aprofundar, com infatigável ardor, nos grandes problemas das ciências naturais. A princípio, a astronomia, sobretudo, apaixonara sua mente e eu o conhecera precisamente (como o leitor talvez se recorde, pela narrativa precedente) no observatório de Paris, onde ele ingressara aos dezesseis anos, e onde se fizera notar por uma singularidade bem estranha: a de não ter a menor ambição, nem desejar qualquer promoção. Tanto com dezesseis anos, quanto com vinte e cinco, julgava-se às vésperas da morte; acreditava talvez que, de fato, a vida passa rapidamente, e é supérfluo desejar alguma coisa além da ciência, aspirar a qualquer coisa além da felicidade de estudar e de conhecer. Era pouco comunicativo, embora, no fundo, o seu caráter fosse o de uma criança brincalhona. De extrema delicadeza de sentimentos, suas relações com os homens permaneciam, em geral, muito reservadas, pois a menor desilusão lhe causava verdadeiro sofrimento. Sua boca, muito pequena e graciosamente delineada, parecia sorrir; mas se, ao contrário, lhe examinássemos com atenção a comissura dos lábios, ela parecia antes pensativa e feita para o silêncio. Seus olhos, – cuja cor indecisa, lembrando o verde-azul do horizonte do mar, mudava conforme a luz e conforme as emoções íntimas, – eram animados por uma viva chama interior e se mostravam, ordinariamente, de grande suavidade; mas em certas circunstâncias, acreditar-se-ia que eram inflamados pelo fogo do raio, ou frios como o aço. O olhar era profundo, por vezes insondável e mesmo estranho, enigmático. A orelha era pequena, graciosamente orlada, com o lóbulo bem destacado e ligeiramente erguido, o que para os analistas é indício de finura de espírito. A fronte era larga, embora a cabeça fosse antes pequena, aumentada por bonita cabeleira de brilhantes cachos. A barba era fina, castanha como os cabelos, levemente frisada. De porte mediano, o conjunto de sua pessoa era elegante, de uma elegância inata, cuidada sem pretensão e sem afetação.

Não tínhamos tido nenhuma camaradagem com ele, nem meus amigos, nem eu, em nenhuma ocasião. Nos dias de folga, nas horas de distração, ele nunca estava presente. Perpetuamente mergulhado em seus estudos, poderíamos acreditar que se entregara sem trégua à busca da pedra filosofal, da quadratura do círculo ou do moto-contínuo. Nunca conheci nenhum amigo seu, além de mim, e ainda não estou bem certo de haver recebido todas as suas confidências. Talvez, em suma, não houvesse ocorrido outro acontecimento íntimo em sua vida além daquele de que me faço hoje historiador, e que eu pude exatamente conhecer como testemunha, se não como confidente.

O problema da alma era a obsessão perpétua de seu pensamento. Às vezes, mergulhava na busca do desconhecido com tal intensidade de ação cerebral, que sentia sob o crânio um formigamento em que todas as faculdades pensantes pareciam aniquilar-se. Isso acontecia sobretudo quando, após haver longamente analisado as condições da imortalidade, via desaparecer subitamente diante dele a efêmera vida atual, e perante o seu ser mental abrir-se a eternidade sem fim. Diante desse espetáculo da alma em plena eternidade, queria *saber*. A visão do seu corpo pálido e glacial, envolto em uma mortalha, estendido em um caixão, abandonado no fundo de estreita cova, derradeira e lúgubre morada, debaixo da relva onde o grilo trila, não lhe consternava tanto o pensamento quanto a incerteza do futuro.

– O que me tornarei? O que nos tornaremos? – ele repetia como um choque de ideia fixa no cérebro. – Se morremos inteiramente, que inepta comédia é a vida, com suas lutas e suas esperanças! Se nós somos imortais, o que fazemos durante a interminável eternidade? Daqui a cem anos, onde estarei eu, onde estarão todos os habitantes atuais da Terra? E os habitantes de todos os mundos? Morrer para sempre, para todo o sempre, não ter existido senão um momento: que derrisão! Não teria sido cem vezes melhor não ter nascido e não ter sofrido?

Mas, se o destino é viver eternamente, sem jamais poder nada mudar da fatalidade que nos arrasta, tendo sempre diante de nós a eternidade sem fim, como suportar o peso de semelhante destino? E é essa a sina que nos espera! Se algum dia nós nos cansássemos da existência, ser-nos-ia impedido fugir-lhe, ser-nos-ia impossível morrer! Crueldade mais implacável ainda do que a de uma vida efêmera, esvaecendo-se como o voo de um inseto no frescor da noite. Por que, pois, nascemos? Para sofrer com a incerteza? Para não ver uma só de nossas esperanças manter-se de pé após o exame? Para viver, se não pensamos, como idiotas, e, se pensamos, como loucos? Nem meta, nem lógica em nada!... E nos falam de um "bom Deus"! E há religiões, padres, pastores, rabinos, bonzos![1] Mas a humanidade não é mais do que uma raça de enganados e de enganadores. A religião equivale à pátria, e o sacerdote equivale ao soldado. Os homens de todas as nações estão armados até aos dentes, para assassinarem-se entre si, como imbecis. Pois bem! É o que eles podem fazer de mais sábio: é esse o melhor agradecimento que podem dirigir à Natureza pelo inepto presente com que ela os gratificou dando-lhes a vida.

Eu tentava acalmar os seus tormentos, suas inquietações, tendo criado para mim mesmo certa filosofia que me havia relativamente satisfeito:

– O temor da morte, – dizia-lhe, – parece-me absolutamente quimérico. Há apenas duas hipóteses a fazer. Quando adormecemos todas as noites, podemos não despertar no dia seguinte, e essa ideia, quando nela pensamos, não nos impede de adormecer. Assim, ou: 1°) se tudo acabar com a vida, não despertaremos absolutamente em parte alguma, e nesse caso, é um sono que não foi terminado, que para nós durará eternamente: jamais saberemos coisa alguma a esse respeito; ou então: 2°) sobrevivendo a alma ao corpo, despertaremos em outro lugar para continuar a nossa atividade. Nesse caso, o despertar não pode ser assustador, deve antes ser sedutor, tendo toda a existência na natureza a sua razão de ser, e toda criatura, tanto a mais ínfima e quanto a mais nobre, encontrará a felicidade no exercício de suas faculdades.

1 N. T. – Sacerdotes budistas.

Esse raciocínio parecia acalmá-lo. Mas as inquietações da dúvida não tardavam a reaparecer, picantes como espinhos. Às vezes, ele vagava solitário pelos vastos cemitérios de Paris, buscando, por entre as tumbas, as aleias mais desertas, escutando o sussurro do vento nas árvores, a crepitação das folhas secas nas trilhas, com o olhar perdido por entre aquelas sepulturas retangulares, apertadas umas contra as outras, monumentos feitos para o tamanho dos mortos e medidos estritamente sobre o nada humano. Por vezes, afastava-se pelos arredores da cidade grande, através dos bosques, onde inefáveis melancolias suspiram, e, durante horas inteiras, caminhava conversando consigo mesmo, demorando-se até a noite, até o luar, até os pálidos raios desse sol noturno que parece ter sido feito para os mortos. Algumas vezes, também, permanecia um dia inteiro em seu ateliê na Praça do Panteão, ateliê que lhe servia ao mesmo tempo de gabinete de trabalho, de quarto de dormir e de sala de visitas, e até altas horas da noite dissecava um cérebro trazido da Clínica, estudando ao microscópio os cortes em finas lamelas de massa cinzenta.

A incerteza das ciências chamadas positivas e a brusca parada de sua mente na solução dos problemas lançavam-no, então, em violento desespero e, mais de uma vez, encontrei-o em um abatimento inerte, com os olhos brilhantes e fixos, as mãos queimando de febre, o pulso agitado e intermitente. Em uma dessas crises, tendo sido obrigado a deixá-lo por algumas horas, acreditei que não tornaria a encontrá-lo vivo, quando retornei por volta das cinco horas da manhã. Ele tinha perto de si um vidro com cianeto de potássio, que tentou esconder à minha chegada. Logo, porém, recuperando a calma, com grande serenidade de espírito, esboçou um ligeiro sorriso.

– Para que isso? – disse-me ele; – se somos imortais, isto de nada serviria. Mas era para sabê-lo mais depressa.

Confessou-me, naquele dia, ter acreditado que estava sendo dolorosamente erguido pelos cabelos até o teto, para cair a seguir, com todo o seu peso, no assoalho.

A indiferença pública a respeito desse grande problema do destino humano, questão que, a seus olhos, primava sobre todas as outras, já que se trata da nossa existência ou do nosso nada, tinha o dom de exasperá-lo até o limite. Em toda parte, só via pessoas ocupadas com interesses materiais, unicamente absortas pela bizarra ideia de "ganhar dinheiro", consagrando todos os seus anos, todos os seus dias, todas as suas horas e todos os seus minutos a esses interesses disfarçados sob as mais diversas formas, e não encontrava nenhuma mente livre, independente, vivendo da vida do espírito. Parecia-lhe que os seres pensantes, vivendo a vida do corpo, já que não existe alternativa, podiam, ***deviam,*** ao menos, não ficarem escravos de uma organização tão grosseira e dedicar seus melhores momentos à vida intelectual.

À época em que começa esta narrativa, Georges Spero já era célebre, e mesmo ilustre, pelos trabalhos científicos originais que publicara e por várias obras de excelente literatura que haviam levado o seu nome às aclamações do mundo inteiro. Embora não tivesse ainda completado o seu vigésimo-quinto aniversário, mais de um milhão de leitores tinham lido as suas obras que, entretanto, ele não havia escrito para o grande público, mas que tinham alcançado o raro êxito de serem apreciadas tanto pela maioria desejosa de instruir-se, quanto pela minoria esclarecida. Foi proclamado Mestre de uma escola nova e eminentes críticos, não lhe conhecendo a individualidade física, nem a idade, falavam de "suas doutrinas".

Como esse singular filósofo, esse estudante austero, se encontrava aos pés de uma jovem à hora do pôr-do-sol, sozinho com ela, naquele terraço onde acabamos de encontrá-los? Iremos sabê-lo pela continuação desta narrativa.

Capítulo II

A aparição. Viagem à Noruega. O antélio. Um encontro no céu

O primeiro encontro dos dois fora realmente estranho. Contemplador apaixonado das maravilhas da natureza, sempre em busca de grandes espetáculos, o jovem naturalista empreendera, no verão precedente, uma viagem à Noruega, com o intuito de visitar os solitários fiordes, onde se engolfa o mar, aquelas montanhas de cumes nevados que elevam acima das nuvens suas frontes imaculadas e, sobretudo, com o vivo desejo de lá empreender um estudo especial das auroras boreais, essa manifestação grandiosa da vida do nosso planeta. Eu o acompanhara nessa viagem. Os crepúsculos, para além dos fiordes calmos e profundos, as auroras do esplêndido astro sobre as montanhas, encantavam, em indizível emoção, sua alma de artista e de poeta. Lá permanecemos por mais de um mês, percorrendo a pitoresca região que se estende de Kristiania[1] aos Alpes escandinavos. Ora, a Noruega era a pátria daquela filha do Norte, que devia exercer tão rápida influência em seu coração não despertado. Ela estava lá, a alguns passos dele e, no entanto, foi somente no dia da nossa partida que o acaso, esse deus dos antigos, decidiu colocá-los em presença um do outro.

A luz da manhã dourava os cimos longínquos. A jovem norueguesa fora levada por seu pai a uma dessas montanhas que, como a Righi, na Suíça, atraem tantos excursionistas para

1 N. T. – A partir de janeiro de 1925, a cidade passou a chamar-se Oslo.

assistirem ao nascer do sol que, naquele dia, fora maravilhoso. Iclea se afastara sozinha alguns metros, sobre um montículo isolado, para melhor distinguir certos pormenores da paisagem, quando, ao se voltar, com o rosto contra o sol, a fim de contemplar todo o horizonte, avistou, não mais na montanha nem na terra, mas no próprio céu, a sua imagem, a sua pessoa inteira, perfeitamente reconhecível. Uma auréola luminosa emoldurava-lhe a cabeça e os ombros com uma fulgente coroa de glória, e um grande círculo aéreo, tenuamente colorido com as nuances do arco-íris, envolvia a misteriosa aparição.

Atônita, emocionada pela singularidade do espetáculo, ainda sob a impressão do esplendor do nascer do Sol, ela não notou imediatamente que outra figura, um perfil de cabeça de homem, acompanhava a sua, silhueta de viajante imóvel, em contemplação diante dela, lembrando aquelas estátuas de santos de pé sobre as colunas das igrejas. Aquela figura masculina e a sua estavam emolduradas pelo mesmo círculo aéreo. De súbito, percebeu aquele estranho perfil humano nos ares, julgou estar sendo vítima de uma visão fantástica e, maravilhada, fez um gesto de surpresa e quase de assombro. A imagem aérea reproduziu o mesmo gesto, e ela viu o espectro do viajante levar a mão ao chapéu e descobrir-se, como se fosse uma saudação celeste, depois perder a nitidez dos contornos e esvanecer-se ao mesmo tempo em que a sua própria imagem.

A transfiguração do Monte Tabor, onde os discípulos de Jesus avistaram subitamente no céu a imagem do Mestre acompanhada das de Moisés e de Elias, não mergulhou as suas testemunhas em uma estupefação maior do que a da inocente virgem da Noruega em presença daquele antélio, cuja teoria é conhecida por todos os meteorologistas.

Aquela aparição fixou-se na profundeza do seu pensamento como um sonho maravilhoso. Chamara o pai, que ficara a pequena distância atrás da colina; porém, quando ele chegou, tudo havia desaparecido. Pediu a ele uma explicação, sem nada obter, a não ser uma dúvida, e quase a negação da existência do fenômeno. Aquele excelente homem, antigo oficial superior, pertencia a essa categoria de célebres céticos, que negam pura e simplesmente aquilo que ignoram ou não compreendem. Em vão lhe afirmou a deliciosa criatura que acabava de ver a sua imagem no céu – e até a de um homem, que ela julgava jovem e de boa aparência –, em vão contou os detalhes da aparição, e acrescentou que as imagens lhe haviam parecido maiores do que o natural e se assemelhavam a silhuetas colossais: seu pai declarou com autoridade, e não sem ênfase, que era o que se chama de ilusão de óptica produzida pela imaginação quando se dorme mal, principalmente durante a adolescência.

Mas na tarde do mesmo dia, quando subíamos a bordo do navio a vapor, notei uma jovem, de cabeleira um pouco esvoaçante, que olhava para o meu amigo com ar francamente surpreso. Ela estava no cais, de braço com seu pai, e permanecia imóvel como a mulher de Ló transformada em estátua de sal. Mostrei-a a Georges logo que chegamos ao navio; mas mal ele virou a cabeça para o lado dela, vi as faces da mocinha cobrirem-se de súbito rubor, e imediatamente ela desviou o olhar a fim de dirigi-lo para a roda da embarcação que começava a pôr-se em marcha. Não sei se Spero prestou atenção a isso. De fato, pela manhã, nenhum de nós tinha visto o fenômeno aéreo, pelo menos no momento em que a moça chegara perto de nós, e ela própria nos ficara oculta por pequena moita de arbustos; tinha sido, sobretudo, o lado do Oriente, a magnificência do nascer do sol, que nos atraíra. Entretanto, ele saudou a Noruega, que deixava com pesar, com o mesmo gesto com que festejara o Sol nascente; e a desconhecida julgou que a saudação era para ela.

Dois meses mais tarde, em Paris, o conde de K. recebia inúmeros convidados, devido ao recente sucesso de sua compatriota Christine Nilsson. A jovem norueguesa e seu pai, vindos a Paris passar uma parte do inverno, estavam entre os convidados; eles conheciam de longa data, como compatriotas, a cantora, sendo a Suécia e a Noruega países irmãos. Quanto a nós, era a primeira vez que ali íamos, e o convite era mesmo devido ao lançamento do último livro de Spero, já marcado por brilhante sucesso. Sonhadora, pensativa, instruída pela sólida educação dos países do Norte, ávida de conhecimentos, Iclea já tinha lido e relido com curiosidade esse livro um tanto místico, no qual o novo metafísico expusera as ansiedades da sua alma não satisfeita com os *Pensamentos* de Pascal. Acrescentemos que ela própria passara, havia vários meses antes, com sucesso nos exames para a obtenção do Certificado de Estudos Superiores, e tendo renunciado ao estudo da medicina, que a princípio a atraíra, começava a iniciar-se com alguma curiosidade nas novíssimas pesquisas da fisiologia psicológica.

Quando "o senhor Georges Spero" fora anunciado, parecera-lhe que um amigo desconhecido, quase um confidente de seu espírito acabava de entrar. Estremeceu, como que atingida por um choque elétrico. Ele, pouco mundano, tímido, constrangido nas reuniões de desconhecidos, não gostando de dançar, nem de jogar, nem de conversar, ficara no mesmo canto da sala, ao lado de alguns amigos, bem indiferente às valsas e às quadrilhas, mais atento a duas ou três obras-primas da música moderna interpretadas com sentimento; e a noite inteira se passara sem que ele se aproximasse dela, embora a tivesse notado e, em toda aquela noite deslumbrante, não tivesse visto senão a ela. Por mais de uma vez, os seus olhares se encontraram. Finalmente, próximo das duas horas da manhã, quando a reunião tornava-se mais íntima, ousou aproximar-se dela, sem, entretanto, dirigir-lhe a palavra. Foi ela quem primeiro lhe falou, para expressar uma dúvida sobre a conclusão do seu livro.

Lisonjeado, mas mais surpreso ainda de saber que aquelas páginas de metafísica tinham uma leitora – e uma leitora daquela idade – o autor respondeu, muito desastradamente, que tais pesquisas eram um pouco sérias para uma mulher. Ela replicou que as mulheres, as moças, não viviam exclusivamente absorvidas pelo exercício da coqueteria, e que conhecia algumas que por vezes pensavam, pesquisavam, trabalhavam, estudavam. Falou com alguma vivacidade, para defender as mulheres contra o desdém científico de certos homens e apoiar a sua aptidão intelectual, e não lhe foi difícil ganhar uma causa da qual o seu interlocutor não era, aliás, de modo algum adversário.

Esse novo livro, cujo êxito tinha sido imediato e estrondoso, apesar da gravidade do assunto, cercara o nome de Georges

Spero de uma verdadeira auréola de celebridade, e nos salões o brilhante escritor era, por toda a parte, recebido com viva simpatia. Os dois jovens trocaram apenas algumas palavras e ele se tornou logo o foco dos amigos da casa, sendo obrigado a responder a diversas questões que vieram interromper a conversa particular que tinham iniciado. Um dos mais eminentes críticos da época, Sainte-Beuve, havia precisamente consagrado um longo artigo à nova obra, e o próprio assunto do livro logo se tornou objeto da conversa geral. Iclea manteve-se à parte. Sentia, e nisso as mulheres raramente se enganam, que fora notada pelo herói; que o pensamento dele já estava ligado ao seu por um fio invisível; que, respondendo às perguntas mais ou menos banais que lhe dirigiam, a sua mente não estava inteiramente presa à conversa. Esse primeiro triunfo íntimo lhe bastava. Ela não desejava outros. E depois, reconhecera em seu perfil a silhueta da misteriosa aparição aérea e o jovem viajante do barco de Kristiania.

Nessa primeira entrevista, ele não tardou em testemunhar-lhe entusiasmo pelos locais deslumbrantes da Noruega e contar-lhe a sua viagem. Ela ansiava para ouvir uma palavra, uma alusão qualquer ao fenômeno aéreo que tanto a impressionara; e não compreendia o seu silêncio, a sua discrição. Ele, não tendo observado o antélio no momento em que ela mesma nele se projetara, não tinha ficado particularmente surpreendido com um fenômeno que diversas vezes, e em melhores condições, estudara do alto da nacela de um aeróstato, e nada tendo observado de especial, nada tinha a dizer. Tampouco, não registrara na memória o momento do embarque e, embora a loura mocinha não lhe parecesse totalmente estranha, não se lembrava, contudo, de tê-la visto. Quanto a mim, eu a reconhecera imediatamente. Ele discorreu sobre os lagos, os rios, os fiordes, as montanhas; ela lhe contou que sua mãe morrera muito moça, enferma do coração, que o pai preferia a vida de Paris à de qualquer outro país e que, sem dúvida, ela só voltaria muito raramente à sua pátria.

Notável comunhão de gostos e de ideias, viva simpatia mútua e uma estima recíproca estabeleceram logo uma amizade entre eles. Criada nos moldes da educação inglesa, ela gozava daquela independência de espírito e de liberdade de ação que as mulheres da França só conhecem depois do casamento, e não se sentia presa por nenhuma das convenções sociais que, em nosso país, parecem destinadas a proteger a inocência e a virtude. Duas amigas de sua idade tinham até vindo sozinhas a Paris, para terminar a educação musical, e viviam juntas em plena Babilônia, aliás, em toda a segurança, sem jamais terem desconfiado dos perigos de que, segundo dizem, Paris está repleta. A moça recebeu as visitas de Georges Spero tal qual seu próprio pai tê-las-ia recebido e, em algumas semanas, a afinidade de seus temperamentos e de seus gostos os havia associado nos mesmos estudos, nas mesmas pesquisas e, amiúde, nos mesmos pensamentos. Quase todos os dias, à tarde, movido por secreta atração, dirigia-se ele do ***Quartier Latin*** às margens do Sena, que ele seguia até o ***Trocadéro***, e passava várias horas com Iclea, na biblioteca, ou no terraço do jardim, ou passeando no Bosque.

A primeira impressão, nascida da aparição celeste, permanecera na alma de Iclea. Ela considerava o jovem cientista, se não um deus ou um herói, ao menos como um homem superior aos seus contemporâneos. A leitura de suas obras fortaleceu essa impressão e a aumentou ainda: sentiu por ele mais do que admiração, uma verdadeira veneração. Quando o conheceu pessoalmente, o grande homem não desceu de seu pedestal. Ela o achou tão eminente, tão transcendente em seus estudos, em seus trabalhos, em suas pesquisas, mas ao mesmo tempo tão simples, tão sincero, tão bom e tão indulgente para com todos, – e valendo-se de qualquer pretexto para ouvir pronunciar seu nome, – teve de sofrer por vezes algumas críticas de rivais, tão injustas para com ele, que começou a amá-lo com um sentimento quase maternal. E esse sentimento de afeição protetora já existirá no coração das moças? Talvez, mas seguramente, a princípio, ela o amou assim. Creio ter dito mais acima que o fundo do caráter daquele pensador era um tanto melancólico, daquela melancolia da alma de que fala Pascal, e que é como a nostalgia do céu. Ele procurava, com efeito, perpetuamente, a solução do eterno problema do *To be or not to be* (SER OU NÃO SER), de Hamlet. Por vezes, poderia ter sido visto triste, consternado até a morte. Mas, por singular contraste, quando os seus negros pensamentos haviam, por assim dizer, se consumido na pesquisa, quando o cérebro, exausto, perdia a faculdade de vibrar ainda, dava-se nele uma espécie de repouso, um apaziguamento; a circulação do sangue vermelho reanimava a vida orgânica; desaparecia o filósofo para dar lugar a uma criança quase ingênua, de alegria fácil, divertindo-se com tudo e com nada, quase tendo gostos femininos, amando as flores, os perfumes, a música, o devaneio, passando horas a examinar a estrutura e a vida de uma modesta planta que subia pelo muro, ou aparentando, às vezes, uma surpreendente despreocupação.

Capítulo III

To be or not to be. O que é o ser humano? A natureza, o Universo

Era precisamente essa fase de sua vida intelectual que associara, tão intimamente, os dois seres. Feliz de existir, na flor da sua primavera, abrindo-se à luz da vida, harpa vibrante de todas as harmonias da natureza, a bela criatura do Norte sonhava ainda, por vezes com os elfos e com as fadas do seu país, com os anjos e com os mistérios da religião cristã, que lhe haviam embalado a infância; mas a sua devoção, a sua credulidade dos primeiros dias não lhe haviam obscurecido a razão, ela pensava livremente, buscava, com sinceridade, a verdade e, lamentando talvez não mais acreditar no paraíso dos pregadores, sentia-se, contudo, animada pelo imperioso desejo de viver sempre. A morte parecia-lhe uma cruel injustiça. Não revia jamais sua mãe estendida no leito de morte, formosa com todo o viço dos seus trinta anos, levada em plena floração das rosas a um cemitério verdejante e perfumado, repleto de canto dos pássaros, e que fora riscada subitamente do livro dos vivos, ao passo que a natureza inteira continuara a cantar, a florir e a brilhar; nunca revia, repito, o pálido semblante de sua mãe, sem que súbito calafrio a percorresse inteira, da cabeça aos pés. Não, sua mãe não estava morta. Não, ela própria não morreria, nem aos trinta anos, nem mais tarde. E ele? *Ele*, morrer! Aquela sublime inteligência aniquilar-se por uma parada do coração ou da respiração? Não, não era possível. Os homens se enganam. Algum dia, saberemos a verdade.

Pensava, também, por vezes, nesses mistérios sob uma forma antes estética e sentimental do que científica, mas pensava neles. Todas suas questões, suas dúvidas, o secreto objetivo das conversas, do seu afeto, tão rápido talvez, pelo amigo, tudo isso tinha por causa a sede imensa de saber que consumia sua alma. Concentrava suas esperanças nele, porque em seus escritos ela já encontrara a solução dos maiores problemas. Eles tinham-lhe ensinado a conhecer o Universo, e esse conhecimento era mais belo, mais vivo, maior, mais poético do que os erros e as ilusões antigas. Desde o dia em que ele lhe contara que sua vida não tinha outra finalidade senão a busca da realidade, ela estava certa de que ele a encontraria, e seu espírito se agarrava, se fundia ao dele, talvez mais energicamente ainda do que o seu coração.

Havia cerca de três meses que viviam assim, de uma vida intelectual comum, passando quase todos os dias várias horas na leitura de obras originais, escritas em diferentes línguas, sobre a filosofia científica, a teoria dos átomos, a física molecular, a química orgânica, a termodinâmica e as diversas ciências que têm por objetivo o conhecimento do ser; dissertando sobre as contradições aparentes ou reais das hipóteses, encontrando, por vezes, nos escritores meramente literários, relações e coincidências bem surpreendentes com os axiomas científicos, surpreendendo-se com certas presciências dos grandes autores. Essas leituras, pesquisas e comparações sempre lhes interessaram pela eliminação que suas mentes, cada vez mais esclarecidas, se viam levadas a fazer dos nove décimos dos escritores, cujas obras são absolutamente vazias, e da metade do último décimo cujos escritos têm apenas um valor superficial. Tendo assim triado o campo da literatura, viviam com certa satisfação, na restrita sociedade dos intelectos superiores. Talvez entrasse nisso algum leve sentimento de orgulho.

Um dia, Spero chegou mais cedo que de costume. ***Eureca***! – exclamou. Mas recompondo-se prontamente: ***Talvez***...

Apoiando-se à lareira, onde crepitava um fogo ardente, enquanto sua companheira o contemplava com os seus grandes olhos cheios de curiosidade, ele começou a falar, com uma espécie de solenidade inconsciente, como se estivesse conversando com o seu próprio espírito, na solidão de um bosque:

– Tudo quanto vemos não é mais do que aparência. A realidade é outra.

O Sol parece girar ao redor de nós, levantar-se pela manhã e deitar-se à tarde, e a Terra em que estamos parece imóvel. É o contrário que é verdadeiro. Habitamos em torno de um projétil turbilhonante, lançado no espaço com uma velocidade setenta e cinco vezes mais rápida do que a que impulsiona uma bala de canhão.

Um harmonioso concerto vem encantar-nos os ouvidos. O som não existe, não passa de uma impressão dos nossos sentidos, produzida por vibrações do ar, de certa amplitude e de certa velocidade, vibrações silenciosas em si mesmas. Sem o nervo auditivo e sem o cérebro, não haveria sons. Na realidade não há senão movimento.

O arco-íris expande o seu círculo radiante; a rosa e a centáurea, molhadas pela chuva, cintilam ao sol; a verde campina e o sulco dourado diversificam a planície com as suas vívidas cores. Não há cores, não há luz, não há senão ondulações do éter que colocam em vibração o nervo óptico. Aparências enganosas. O sol aquece e fertiliza, o fogo queima: não há calor, mas somente sensações. O calor, como a luz, não é mais do que um modo de movimento. Movimentos invisíveis, mas soberanos, supremos.

Eis aqui uma forte viga de ferro, tal como são, comumente empregada nas construções. Está colocada no ar, a dez metros de altura, sobre duas paredes, nas quais se apoiam as respectivas extremidades. Ela é "sólida", com certeza. Em seu centro foi colocado um peso de mil, dois mil, dez mil quilogramas, e esse peso enorme ela pouco a afeta; quando muito, pode-se verificar pelo nível, uma imperceptível curvatura. Entretanto, essa viga é composta de moléculas que não se tocam, que estão em vibração perpétua, que se afastam umas das outras sob a influência do calor e se aproximam sob a influência do frio. Dizei-me, por favor, o que constitui a solidez dessa barra de ferro? Seus átomos materiais? Certamente não, já que eles não se tocam. Essa solidez reside na atração molecular, ou seja, em uma força imaterial.

Falando de modo absoluto, o sólido não existe. Peguemos nas mãos uma pesada grilheta de ferro. Essa grilheta é composta de moléculas invisíveis, que não se tocam, as quais são compostas de átomos que também não se tocam. A continuidade que a superfície dessa grilheta parece ter e a sua aparente solidez são, pois, puras ilusões. Para a mente que analisasse a sua íntima estrutura, seria uma nuvem de mosquitos, lembrando os que rodopiam na atmosfera dos dias de verão. Além disso, aqueçamos essa grilheta que nos parece sólida: ela se derreterá; aqueçamo-la mais: ela se evaporará, sem por isso mudar de natureza: líquido ou gás, será sempre ferro.

Estamos neste momento em uma casa. Todas estas paredes, assoalhos, tapetes, móveis e esta lareira de mármore são compostos de moléculas que também não se tocam. E todas estas moléculas, constitutivas dos corpos, estão em movimento de circulação, umas em torno das outras.

O mesmo acontece com o nosso corpo. Ele é formado por uma circulação perpétua de moléculas; é uma chama incessantemente consumida e renovada; é um rio em cuja margem as pessoas vêm sentar-se, acreditando rever sempre a mesma água, mas onde o curso perpétuo das coisas traz uma água sempre nova.

Cada glóbulo de nosso sangue é um mundo (e possuímos cinco milhões por milímetro cúbico). Sucessivamente, sem parada nem trégua, em nossas artérias, em nossas veias, em nossa carne, em nosso cérebro, tudo circula, tudo caminha, tudo se precipita, em um turbilhão vital, proporcionalmente tão rápido quanto o dos corpos celestes. Molécula por molécula, o nosso cérebro, o nosso crânio, os nossos olhos, os nossos nervos e toda a nossa carne se renovam sem descanso e tão rapidamente que, em alguns meses, o nosso corpo está inteiramente reconstituído.

❁ ❁ ❁

Por considerações fundadas nas atrações moleculares, calculou-se que, em uma gotícula minúscula de água lançada com o auxílio da ponta de um alfinete, gotícula invisível a olho nu, medindo um milésimo de milímetro cúbico, há mais de duzentos e vinte e cinco milhões de moléculas.

Em uma cabeça de alfinete não há menos de oito sextilhões de átomos, seja oito mil bilhões de bilhões, e esses átomos estão separados uns dos outros por distâncias consideravelmente maiores do que as suas dimensões, sendo, aliás, essas dimensões invisíveis mesmo ao mais poderoso microscópio. Se desejássemos contar a quantidade desses átomos contidos em uma cabeça de alfinete, dela destacando, por pensamento, um bilhão por segundo, seria necessário continuar essa operação durante duzentos e cinquenta e três mil anos para terminarmos a contagem.

Em uma gota d'água, em uma cabeça de alfinete, há incomparavelmente mais átomos do que estrelas em todo o céu conhecido dos astrônomos equipados com os mais poderosos telescópios.

❁ ❁ ❁

Quem sustenta, no vácuo eterno, a Terra, o Sol e todos os astros do Universo? Quem sustenta essa longa viga de ferro lançada entre duas paredes e sobre a qual serão edificados vários andares? Quem sustenta a forma de todos os corpos? A Força.

O Universo, as coisas e os seres, tudo quanto vemos é formado de átomos invisíveis e imponderáveis. O Universo é um dinamismo. Deus é a alma universal: ***in eo vivimus, movemur et sumus.***[1]

Assim como a alma é a força que move o corpo, o Ser Infinito é a força que move o Universo! A teoria meramente mecânica do Universo fica incompleta para a análise que penetra o fundo das coisas. A ***vontade*** humana é fraca, é verdade, em relação às forças cósmicas. Entretanto, enviando um trem de Paris a Marselha, um navio de Marselha ao Suez, eu desloco, livremente, uma parte infinitesimal da massa terrestre, e modifico o curso da Lua. Cegos do século dezenove, voltai ao Cisne de Mântua:[2] ***Mens agitat molem.***[3]

---

1 N. T. – Nele vivemos, movemo-nos e existimos.
2 N. T. – Antonomásia relativa ao poeta romano Virgílio.
3 N. T. – A mente move a matéria.

Se eu disseco a matéria, encontro, no fundo de tudo, o átomo invisível: a matéria desaparece, dissipa-se em fumaça. Se os meus olhos tivessem o poder de enxergar a realidade, veriam através das paredes, formadas de moléculas separadas, através dos corpos, turbilhões atômicos. Os nossos olhos de carne não veem o que existe. É com o olho do espírito que devemos ver. Não nos fiemos apenas no testemunho dos nossos sentidos: há tantas estrelas acima de nossas cabeças durante o dia como durante a noite.

Não há na natureza nem astronomia, nem física, nem química, nem mecânica: esses são métodos subjetivos de observação. Não há senão uma única unidade. O infinitamente grande é idêntico ao infinitamente pequeno. O espaço é infinito sem ser grande. A duração é eterna sem ser longa. Estrelas e átomos são unos.

A unidade do Universo é constituída pela força invisível, imponderável, imaterial que move os átomos. Se um único átomo cessasse de ser movido pela força, o Universo pararia. A Terra gira ao redor do Sol, o Sol gravita em torno de um foco sideral, móvel também; os milhões, os bilhões de sóis que povoam o Universo correm mais depressa do que os projéteis da pólvora; essas estrelas que nos parecem imóveis são sóis lançados no espaço infinito, com a velocidade de dez, vinte, trinta milhões de quilômetros por dia, correndo todos para um fim ignorado, sóis, planetas, terras, satélites, cometas errantes... O ponto fixo, o centro de gravidade buscado pelo físico foge à medida que ele o busca e, na realidade, não existe em parte alguma. Os átomos que constituem os corpos movem-se relativamente tão depressa como as estrelas no céu. O movimento tudo rege, tudo forma.

O *átomo invisível* é o ponto de aplicação da força.

O que constitui essencialmente o ser humano, o que o organiza, não é a sua substância material, não é nem o protoplasma, nem a célula, nem essas maravilhosas e fecundas associações do carbono com o hidrogênio, o oxigênio e o nitrogênio; é a *Força* anímica, invisível, imaterial. É ela quem agrupa, dirige e mantém associadas as inúmeras moléculas que compõem a admirável harmonia do corpo vivente.

A matéria e a energia nunca foram vistas separadas uma da outra; a existência de uma implica a existência da outra; talvez haja identidade substancial de uma e de outra.[4]

Que o corpo se desagregue de repente após a morte como ele se desagrega lentamente e se renova perpetuamente durante a vida, pouco importa. A alma permanece. ***O átomo psíquico organizador é o centro dessa força.*** Ele também é indestrutível.

O que vemos é uma ilusão. O REAL É O INVISÍVEL.

❁ ❁ ❁

Ele começou a caminhar a passos largos. A jovem o escutara como se escuta um apóstolo, um apóstolo muito querido, e, embora ele não tivesse, de fato, falado senão para ela, não parecera prestar atenção à sua presença, tão imóvel e silenciosa ela se mantivera. Aproximou-se dele e tomou, nas suas, uma de suas mãos.

– Oh! – exclamou, – se ainda não conquistaste a Verdade, ela não te escapará.

Depois, entusiasmando-se e fazendo alusão à reserva habitual expressada por ele, sobre todas as coisas, acrescentou:

– Acreditas ser impossível ao homem terrestre atingir a Verdade, porque possuímos somente cinco sentidos, e porque uma infinidade de manifestações da natureza continua estranha à nossa mente, não possuindo nenhum caminho para chegar até nós. Da mesma forma que a vista nos seria negada se fôssemos privados do nervo óptico, a audição sem o nervo acústico e assim por diante, também as vibrações, as manifestações da força que passam entre as cordas de nosso instrumento orgânico, sem fazerem vibrar as que existem, permanecem desconhecidas. Concedo, e admito contigo, que os habitantes de certos mundos podem estar incomparavelmente mais adiantados do que nós. Parece-me, porém, que, embora sendo terráqueo, encontraste a verdade.

– Minha querida – replicou ele, sentando-se junto dela no grande divã da biblioteca, – é certo que à nossa harpa terrestre faltam cordas, e é provável que um cidadão do sistema de Sirius

4 Flammarion anteviu a conclusão de Einstein (a matéria é energia condensada). N.R.

risse das nossa pretensões. O menor pedaço de ferro imantado é mais forte do que Newton e do que Leibnitz, para encontrar o polo magnético, e que a andorinha conhece melhor do que Cristóvão Colombo ou Magalhães as variações de latitude. O que eu disse há pouco? Que as aparências são enganosas e que através da matéria o nosso espírito deve ver a força invisível. É o que há de mais certo. A matéria não é o que parece, e nenhum homem instruído nos progressos das ciências positivas poderia, hoje em dia, pretender-se materialista. Saibamos ver o impalpável e o imaterial através da opacidade dos corpos.

– Então – retrucou ela –, o átomo psíquico cerebral, princípio do organismo humano, seria imortal, como todos os átomos, aliás, – se admitíssemos as asserções fundamentais da química. Mas ele diferiria dos outros por uma espécie de posição mais elevada, sendo que a alma está ligada a ele. E ele conservaria a consciência de sua existência? Seria a alma comparável a uma substância elétrica? Vi certa vez o raio atravessar uma sala e apagar as tochas. Quando tornaram a acendê-las, verificou-se que a pêndula tinha perdido a cor dourada e que o lustre de prata cinzelada tinha sido dourado em vários pontos. Há nisto uma força sutil.

– Não façamos comparações; todas elas ficariam muito afastadas da realidade. Toda a luz que a ciência nos pode trazer a esta Terra é apenas um fraco raio que se filtra por sob a porta do desconhecido. Todos nós *sabemos* que morreremos, mas não *acreditamos*. E como poderíamos acreditar nisso? Como poderíamos compreender a morte, que não é mais do que uma mudança de estado do conhecido para o desconhecido, do visível para o invisível? Que a alma exista como força, não há dúvida. Que ela constitua um todo com o átomo cerebral organizador, podemos admiti-lo. Que ela sobreviva, assim, à dissolução do corpo, nós o concebemos.

– Mas o que se torna ela? Para onde vai?

– A maior parte das almas nem suspeita sequer de sua própria existência. Sobre os mil e quatrocentos milhões de criaturas humanas que povoam o nosso planeta, noventa e nove centésimos não pensam. Que fariam eles, grandes deuses, da imortalidade? Como a molécula de ferro flutua sem sabê-lo, no sangue que pulsa sob as têmporas de Lamartine ou de Hugo, ou permanece fixa por algum tempo na espada de César; como a molécula de hidrogênio que brilha no gás do vestíbulo do teatro da Opéra ou entra na gota de água engolida pelo peixe no escuro fundo dos mares, os átomos viventes, que jamais pensaram, dormitam. As almas que pensam continuam o apanágio da vida intelectual. Elas conservam o patrimônio da humanidade e o aumentam para o futuro. Sem essa imortalidade das almas humanas, que têm consciência de sua existência e vivem pelo espírito, toda a história da Terra deveria terminar em nada e a criação inteira, tanto a dos mais sublimes mundos quanto a do nosso ínfimo planeta, seria um absurdo decepcionante, mais miserável e mais idiota do que o excremento de uma minhoca. Ele tem sua razão de ser e o Universo não a teria! Podes imaginar os bilhões de mundos atingindo os esplendores da vida e do pensamento, para se sucederem sem fim na história do universo sideral, e apenas conseguindo fazer nascerem esperanças perpetuamente frustradas, grandezas perpetuamente aniquiladas? Por mais que sejamos humildes, não podemos admitir o nada como fim supremo do progresso perpétuo, provado por toda a história da natureza. Ora, as almas são as sementes das populações planetárias.

– Então, elas podem transportar-se de um mundo para outro?

– Nada é tão difícil de compreender quanto o que se ignora; nada é mais simples do que aquilo que se conhece. Quem, hoje em dia, se surpreende de ver o telégrafo elétrico transmitir instantaneamente o pensamento humano através dos continentes e dos mares? Quem se admira de ver a atração lunar erguer as águas do Oceano e produzir as marés? Quem se surpreende de ver a luz transmitir-se de uma estrela a outra com a velocidade de trezentos mil quilômetros por segundo? Além do mais, só os pensadores poderiam apreciar a grandeza dessas maravilhas; o vulgo de nada se admira. Se alguma nova descoberta nos permitisse enviar amanhã sinais aos habitantes de Marte e receber respostas, três quartos dos homens, depois de amanhã, não mais ficariam surpreendidos. Sim, as forças anímicas podem transportar-se de um mundo a outro, não por toda parte, nem sempre, certamente, e nem todas. Há leis e condições. A minha vontade pode levantar o meu braço, jogar uma pedra, com o auxílio dos meus músculos; se pego um peso de vinte quilos, ela ainda levantará meu braço; se quiser erguer um peso de mil quilos, não o poderei mais. Alguns espíritos são incapazes de qualquer atividade; outros adquiriram faculdades transcendentes. Mozart, aos seis anos, impunha a todos os ouvintes o poder de seu gênio musical e, aos oito, publicava as suas duas primeiras sonatas, ao passo que o maior autor dramático que já existiu, Shakespeare, não tinha escrito ainda, antes dos trinta anos, nenhuma peça digna do seu nome. Não devemos acreditar que a alma pertença a algum mundo sobrenatural. Está tudo na natureza. Não há mais de cem mil anos que a humanidade terrena se libertou da crisálida animal; durante milhões de anos, durante a longa série histórica dos períodos primário, secundário e terciário, não havia na Terra um único pensamento para apreciar esses grandiosos espetáculos, um único olhar humano para contemplá-los. O progresso elevou lentamente as almas inferiores das plantas e dos animais. A natureza está em incessante progresso; o Universo é um perpétuo futuro; a ascensão é a lei suprema...

E ele acrescentou:

– Nem todos os mundos são atualmente habitados. Uns estão na aurora, outros no crepúsculo. Em nosso sistema solar, por exemplo, Marte, Vênus, Saturno e vários dos seus satélites parecem em plena atividade vital; Júpiter parece não ter ultrapassado o seu período primário; talvez a Lua já não tenha habitantes. Nossa época não tem mais importância na história geral do Universo do que o nosso formigueiro no infinito. Antes da existência da Terra, houve, em toda a eternidade, mundos povoados de humanos; quando o nosso planeta tiver dado o último suspiro e a última família humana adormecer no derradeiro sono, à beira da última laguna do oceano gelado, inúmeros sóis brilharão sempre no Infinito e haverá sempre manhãs e noites, primaveras e flores, esperanças e alegrias. Outros sóis, outras terras, outros seres humanos. O espaço sem limites é povoado de tumbas e de berços. Mas a vida, o pensamento e o progresso eterno são a meta final da Criação. A Terra é o satélite de uma estrela. Atualmente, como também no futuro, somos cidadãos do céu. Saibamo-lo ou ignoremo-lo, na realidade vivemos nas estrelas.

❁ ❁ ❁

Assim se entretinham os dois amigos a respeito dos graves problemas que lhes preocupavam o pensamento. Quando conquistavam alguma solução, embora incompleta, experimentavam verdadeira felicidade, por terem dado um passo a mais na busca do desconhecido, e podiam, a seguir, conversar mais tranquilamente sobre coisas habituais da vida. Eram dois espíritos igualmente ávidos de saber, imaginando, com todo o ardor da mocidade, que podiam isolar-se do mundo, dominar as impressões humanas e, em seu celeste voo, atingir a estrela da Verdade, que cintilava acima de suas cabeças nas profundezas do infinito.

Capítulo IV

Amor. Iclea. A atração

Nessa vida a dois, por mais íntima e mais encantadora que fosse, alguma coisa faltava. Essas conversas sobre os formidáveis problemas do ser e do não ser, as trocas de ideias sobre a análise da humanidade, as pesquisas sobre a meta final da existência das coisas, as contemplações astronômicas e as questões que elas inspiram, satisfaziam, às vezes, suas mentes, mas não o coração. Quando, um ao lado do outro, tinham longamente conversado, quer sob o caramanchão do jardim que dominava o cenário da grande cidade, ou na silenciosa biblioteca, o estudante, o pesquisador não podia desprender-se da companheira, e ficavam ambos, de mãos dadas, calados, atraídos, presos por uma força dominadora. Ele a contemplava, olhos nos olhos e, não ousando suportar muito tempo um encanto tão raro, inventava um pretexto para deixá-la e, logo voltando para junto dela, admirando aquele poema da vida, aqueles olhos animados de luz celeste, aquela boca ideal cuja viva coloração fazia pensar na cereja pronta para ser colhida, naquela carne nacarada, opalina, diáfana, onde de repente transparecia, por vezes, a circulação do sangue rubro reprimida dificilmente pela vontade. Após a despedida, ambos sentiam um vazio singular e doloroso no peito, um mal-estar indefinível, como se algum laço necessário à mútua existência tivesse sido rompido; e, ambos só aspiravam à hora do reencontro. Ele a amava, não para o seu bem, mas pelo dela, com uma afeição quase impessoal, com um sentimento de tão profunda estima quanto de ardente amor, e, por uma luta de todos os instantes contra as atrações da carne, soubera resistir. Certo dia, porém, em que estavam sentados lado a lado, no grande divã da biblioteca, atulhado como de costume, de livros e de folhas soltas, como eles permaneciam calados, aconteceu que, sobrecarregada sem dúvida de todo o peso de esforços, concentrados havia tanto tempo para resistir a uma atração demasiado irresistível, a cabeça do jovem autor inclinou-se insensivelmente sobre os ombros de sua companheira e, quase imediatamente... seus lábios se encontraram...

❁ ❁ ❁

Oh, alegrias inenarráveis do amor correspondido! Embriaguez insaciável do ser sedento de felicidade, transportes infinitos da imaginação invicta, suave música dos corações, a que etéreas alturas não tendes alçado os eleitos abandonados às vossas supremas felicidades! Subitamente esquecidos da terra inferior, ele voam rapidamente, nos paraísos encantados, perdem-se nas profundezas celestes, e planam nas sublimes regiões da eterna volúpia. O mundo com suas comédias e suas misérias não mais existe para eles. Felicidade radiosa! Eles vivem na luz, no fogo, salamandras, fênix, livres de todo peso, leves como a chama, consumindo-se a si mesmos, renascendo das próprias cinzas, sempre luminosos, sempre ardentes, invulneráveis, invencíveis.

A expansão tão longamente contida desses primeiros transportes lançou os dois amantes a uma vida de êxtase, que por um instante, fê-los esquecer a metafísica e os seus problemas. Esse instante durou seis meses. O mais suave, porém o mais imperioso dos sentimentos viera completar neles as insuficientes satisfações intelectuais da mente, e bruscamente as absorvera, quase as anulara. A datar do dia do beijo, Georges Spero não somente desapareceu inteiramente da cena do mundo, mas ainda parou de escrever, e eu próprio o perdi de vista, apesar da longa e real afeição que ele me testemunhara. Os lógicos poderiam ter disso concluído que, pela primeira vez em sua vida, ele estava satisfeito, e achara a solução para o grande problema, o objetivo supremo da existência dos seres.

Viviam desse "egoísmo a dois" que, afastando a humanidade do nosso centro ótico, diminui os seus defeitos e a faz parecer mais amável e mais bela. Satisfeitos com sua afeição mútua, tudo cantava para eles, na natureza e na humanidade, um perpétuo cântico de felicidade e de amor.

Amiúde, ao crepúsculo, eles iam, seguindo o curso do Sena, contemplar, sonhando, os maravilhosos efeitos de luz e de sombra que decoram o céu de Paris, tão admirável ao ocaso, à hora em que as silhuetas das torres e dos edifícios se projetam em negro sobre o fundo luminoso do ocidente. Espessas nuvens rosadas e purpúreas, iluminadas pelo reflexo longínquo do mar, sobre o qual brilha, precisamente a essa hora, o Sol desaparecido, dão ao nosso céu um caráter especial, que não é o de Nápoles, banhado no ocidente pelo espelho mediterrâneo, mas excede talvez o de Veneza, cuja iluminação é oriental e pálida. Seja porque os seus passos os tivessem conduzido para a antiga ilha da Cité, e descessem o curso do rio, passando diante de Notre-Dame e do velho Châtelet, que projetava sua negra silhueta diante do céu claro e luminoso; seja porque e, sobretudo, atraídos pelo brilho do poente e pelo campo, tivessem descido os cais até além das muralhas da imensa cidade, e tivessem se perdido até as solidões de Boulogne e de Bilancourt, fechadas pelas negras colinas de Meudon e de Saint-Cloud, contemplavam a natureza, era sempre a mesma coisa: esqueciam a ruidosa cidade perdida atrás deles e caminhavam a passo igual, formando apenas um único ser, recebendo, ao mesmo tempo, as mesmas impressões; pensando os mesmos pensamentos e, em silêncio, falando a mesma linguagem. O rio corria a seus pés, os ruídos do dia se extinguiam, as primeiras estrelas luziam no céu. Iclea gostava de nomeá-las a Georges à medida que iam aparecendo.

Março e abril oferecem com frequência a Paris aprazíveis noites em que circula o primeiro sopro que preludia a primavera. As brilhantes estrelas de Orion, a fulgurante Sirius, os Gêmeos Castor e Pólux cintilam no céu imenso; as Plêiades descem em direção do horizonte ocidental, mas Arcturo e o Boieiro, pastor dos celestes rebanhos, voltam, e algumas horas mais tarde a branca e resplandecente Vega se ergue no horizonte oriental, logo seguida pela Via-Láctea. Arcturo, de raios de ouro, era sempre a primeira estrela identificada, pelo seu penetrante brilho e pela sua posição no prolongamento da cauda da Ursa Maior. Às vezes, o crescente lunar planava no céu ocidental, e a jovem contempladora admirava, tal como outrora Ruth ao lado de Booz,[1] "aquela foice de ouro no campo das estrelas".

As estrelas envolvem a Terra; a Terra está no céu. Spero e sua companheira bem o sentiam, e em nenhuma outra terra celeste, talvez, nenhum casal vivia mais intimamente do que eles no céu e no infinito.

Insensivelmente, entretanto, talvez sem que ele próprio percebesse, o jovem filósofo retomou, gradualmente, por fragmentos esparsos, seus estudos interrompidos, analisando agora as coisas com profundo sentimento de otimismo, que não havia conhecido ainda, apesar da sua bondade natural, eliminando as conclusões cruéis, porque lhe pareciam devidas a um conhecimento incompleto das causas, contemplando os panoramas da natureza e da humanidade sob uma nova luz. Ela retomara, também, ao menos parcialmente, os estudos que começara juntamente com ele; mas, um sentimento novo, imenso, lhe enchia a alma, e seu espírito já não tinha a mesma liberdade para o trabalho intelectual. Absorta naquela afeição de todos os momentos por um ser que inteiramente conquistara, ela só via por meio dele, só agia para ele. Durante as horas calmas da noite, quando se sentava ao piano, para tocar um noturno de Chopin, que se admirava de não ter compreendido antes de amar, ou para acompanhar-se cantando, com a sua tão pura e extensa voz, as canções norueguesas de Grieg e de Bull, ou as melodias de Schumann, parecia-lhe, sem o perceber talvez, que o seu amado era o único ouvinte capaz de compreender aquelas inspirações do coração. Que horas deliciosas passou ele, naquela ampla biblioteca da casa de Passy, estendido no divã, seguindo às vezes com o olhar as caprichosas volutas da fumaça de um cigarro do Oriente, enquanto, entregue às reminiscências de sua fantasia, ela cantava o suave ***Saetergientens Sondag*** do seu país,

1 N. T. – Ou Boaz, conforme a versão da Bíblia.

a serenata de ***Dom Juan***, o ***Lago*** de Lamartine, ou então quando, deixando correr os hábeis dedos pelo teclado, fazia voejar pelo ar o melodioso sonho do minueto de Boccherini!

❁ ❁ ❁

Chegara a primavera. O mês de maio tinha visto abrirem-se, em Paris, as festas da Exposição Universal de que falávamos no início desta narrativa, e as alturas do jardim de Passy abrigavam o Éden do casal apaixonado. O pai de Iclea, que fora subitamente chamado à Tunísia, regressara com uma coleção de armas árabes para o seu museu de Kristiania. Era sua intenção voltar logo à Noruega, e ficara combinado entre a jovem norueguesa e seu namorado que o casamento se realizaria na sua pátria, na data do aniversário da misteriosa aparição.

O amor deles era, por sua própria natureza, muito diverso de todas essas uniões banais fundadas, umas no grosseiro prazer sensual, ou na ociosidade mundana e nos caprichos de um momento, outras em interesses mais ou menos disfarçados, que representam a maior parte dos amores humanos. Suas mentes cultivadas os isolavam nas regiões superiores do pensamento; a delicadeza de seus sentimentos mantinha-os em uma atmosfera ideal, onde todos os pesos da matéria eram esquecidos; a extrema sensibilidade de seus nervos, o raro refinamento de todas as suas sensações, mergulhavam-nos em êxtases cuja volúpia parecia infinita. Se em outros mundos as pessoas amam, o amor ali não pode ser nem mais profundo, nem mais delicado. Para um fisiologista, eles teriam sido o testemunho vivo de que, contrariamente à apreciação vulgar, todos os gozos vêm do cérebro, a intensidade das sensações correspondendo à sensibilidade psíquica do ser.

Paris era para eles, não uma cidade, não um mundo, mas o palco da história humana. Eles já haviam passado longas horas nos nossos admiráveis museus, principalmente entre as obras-primas antigas e modernas do nosso grande Louvre, onde a Arte parece ter eternizado toda a história do pensamento humano expressa em monumentos imperecíveis. Essas maravilhosas galerias do Louvre conservaram, mais ainda do que as de Versalhes, a atmosfera dos reais esplendores. Gostavam de lá se encontrarem, depois iam reviver, em meio aos vestígios da antiga Paris, os séculos há muito tempo desaparecidos. Os velhos bairros, não destruídos ainda pelas transformações modernas, a Cité com a Notre-Dame, Saint-Julien-le-Pauvre, cujas paredes recordam ainda Childerico e Fredegunda, as antigas residências onde habitaram Alberto, o Grande, Dante, Petrarca, Abelardo, a antiga Universidade, anterior à Sorbonne, e as relíquias dos mesmos séculos desaparecidos, o claustro de Saint-Merry com seus sombrios corredores, a abadia de Saint-Martin, a torre de Clóvis na montanha de Saint-Geneviève, Saint-Germain-des-Prés, lembrança dos Merovíngios, Saint-Germain-l'Auxerrois, cujo sino tocou a rebate na noite de São Bartolomeu, a angélica capela do palácio de Luís IX; todas as recordações da história de França foram objeto de suas peregrinações. Em meio das multidões, isolavam-se na contemplação do passado e viam o que quase ninguém sabe ver.

Assim, a imensa cidade lhes falava a sua linguagem de outrora, quando, perdidos entre as quimeras, os grifos, os pilares, os capitéis, os arabescos das torres e das galerias de Notre-Dame, viam a seus pés a colmeia humana adormecer na bruma da noite, ou quando, elevando-se ainda mais, procuravam, da cúpula do Panteão, reconstituir a antiga forma de Paris e seu desenvolvimento secular, desde os imperadores romanos que habitavam as Termas até Filipe Augusto e seus sucessores. O sol da primavera, os lilases em flor, as alegres manhãs de maio cheias de cantos dos pássaros e de excitações nervosas, conduziam-nos, por vezes, para longe de Paris, aventurando-se pelas campinas e pelos bosques. As horas voavam como o sopro das brisas; o dia desaparecera como uma quimera, e a noite prolongava o divino sonho de amor. No mundo turbilhonante de Júpiter, onde os dias e as noites são mais de duas vezes mais rápidos do que aqui e nem duram mesmo dez horas, os amantes não veem as horas desaparecerem mais depressa. A medida do tempo está em nós.

❁ ❁ ❁

Certa tarde, ambos estavam sentados no telhado sem parapeito da velha torre do castelo de Chevreuse, aconchegados um ao outro, no centro, de onde sem obstáculo se domina toda a paisagem circundante. O ar cálido do vale subia até eles, impregnado dos perfumes silvestres dos bosques vizinhos; a toutinegra cantava ainda, e o rouxinol ensaiava, na sombra nascente dos pequenos bosques, o melodioso cântico às estrelas. O Sol acabava de se pôr em esplendores de ouro e escarlate, e só o Ocidente se conservava iluminado de uma luz ainda intensa. Tudo parecia adormecer no seio da imensa natureza.

Um pouco pálida, mas iluminada pela luz do céu ocidental, Iclea parecia penetrada pelo dia e brilhar com uma luz interior, tão alva, quase transparente, era sua carne. Com os olhos afogados em vaporosa languidez, com a pequena boca infantil levemente entreaberta, parecia perdida na contemplação da luz ocidental. Apoiada ao peito de Spero, seus braços enlaçando-lhe o pescoço, abandonava-se ao seu devaneio, quando uma estrela cadente atravessou o céu precisamente acima da torre. A jovem estremeceu, um pouco supersticiosa. Já as mais brilhantes estrelas surgiam na profundeza dos céus: muito alto, quase no zênite, Arcturo, de brilhante amarelo áureo; em direção ao Oriente, bastante elevada, Vega, de pura alvura; ao Norte, Capela; no Ocidente, Castor, Pólux e Prócion. Começava-se a distinguir também as sete estrelas da Ursa Maior, a Espiga da Virgem, Régulo. Insensivelmente, uma por uma, as estrelas vinham pontuar o firmamento. A estrela polar indicava o único ponto imutável da esfera celeste. A Lua nascia, seu disco avermelhado ligeiramente diminuído pela fase minguante. Marte brilhava entre Pólux e Régulo, ao Sudoeste; Saturno ao Sudeste. O crepúsculo cedia lentamente lugar ao misterioso reino da noite.

– Não achas, – disse ela, – que todos esses astros são como olhos que olham para nós?

– Olhos celestes iguais aos teus. Que podem eles ver na Terra mais belo do que tu... e do que o nosso amor?

– Entretanto... – ela acrescentou, fazendo uma pausa.

– Sim, entretanto o mundo, a família, a sociedade, os usos, as leis da moral, que sei eu? Compreendo teus pensamentos. Nós esquecemos todas essas coisas para obedecer unicamente à atração, como o Sol, como todos estes astros, como o rouxinol que canta, como a natureza inteira. Logo daremos a esses usos sociais a parte que lhes pertence, e poderemos proclamar abertamente o nosso amor. Seremos por isso mais felizes? É possível sermos mais felizes do que o somos neste momento?

– Sou tua, – respondeu ela. – Não existo para mim; estou apagada na tua luz, no teu amor, na tua felicidade, e não desejo nada, nada mais. Não. Eu pensava nestas estrelas, nestes olhos que nos olham, e eu me perguntava onde estão hoje todos os olhos humanos que as contemplaram, há milhares de anos, tal qual estamos fazendo nesta noite; onde estão todos os corações que palpitaram, como neste momento palpitam os nossos corações; onde estão todas as almas que se fundiram em beijos sem fim no mistério das noites desaparecidas!

– Todos existem. Nada pode ser destruído. Nós associamos o céu e a terra, e temos razão. Em todos os séculos, em todos os povos, entre todas as crenças, a humanidade sempre perguntou a este céu estrelado o segredo dos seus destinos. Isso era uma espécie de adivinhação. A Terra é um astro do céu, como Marte e Saturno, que enxergamos ali, são terras do céu, escuras, iluminadas pelo mesmo Sol que nos ilumina, e como todas essas estrelas, que são longínquos sóis. O teu pensamento traduz o que a humanidade pensou desde que ela existe. Todos os olhares buscaram no céu a resposta ao grande enigma e, desde os primeiros dias da mitologia, foi Urânia quem respondeu. E é ela, a divina Urânia, quem sempre responderá. Ela segura nas mãos o céu e a terra; ela nos faz viver no infinito... E depois, personificando nela o estudo do Universo, o sentimento poético de nossos pais não parece ter desejado completar a ciência com a vida, a graça e o amor? Ela é a musa por excelência. Sua beleza parece dizer-nos que, para compreendermos verdadeiramente a astronomia e o infinito, é preciso... estarmos apaixonados.

A noite estava chegando. A Lua, elevando-se lentamente no céu oriental, difundia na atmosfera uma claridade que, insensivelmente, substituía a do crepúsculo, e já na cidade, a seus pés, abaixo dos bosques e das ruínas, algumas luzes apareciam aqui e ali. Tinham-se erguido e se conservado de pé, no centro do cimo da torre, estreitamente enlaçados. Ela estava linda, emoldurada na auréola dos cabelos, cujos cachos lhe flutuavam sobre os ombros. Baforadas de ar primaveril, impregnadas dos perfumes das violetas, dos cravos, dos lilases e das rosas de maio, subiam dos jardins vizinhos; as cálidas volúpias das noites melancólicas elevavam-se em direção às estrelas, com seus perfumes e suas brisas. Cercavam-nos a solidão e o silêncio. Um longo beijo, o centésimo, pelo menos, daquele acariciante dia de primavera, uniu seus lábios.

Ela sonhava ainda. Um sorriso fugitivo iluminou-lhe repentinamente o semblante e passou, esvaindo-se qual uma imagem que passa.

– Em que estás pensando? – perguntou ele.

– Oh! Em nada. Uma ideia mundana, profana, um pouco fútil. Nada.

– Mas que ideia? – insistiu ele, tomando-a nos braços.

– Pois bem! Eu me perguntava se... nesses outros mundos se tem boca... pois, vês? O beijo... os lábios...

❁ ❁ ❁

Assim se passavam as horas, os dias, as semanas, os meses, em uma união íntima de todos os seus pensamentos, de todas as suas sensações, de todas as suas impressões. Guiados pelo mesmo desdém pelas paixões banais, e por uma busca instintiva dos mais belos quadros que a natureza terrestre podia oferecer ao divino romance de seus corações, eles se eclipsavam muitas vezes para bem longe da agitação humana, rumo às solidões profundas dos bosques ou aos sublimes espetáculos do mar. As ravinas sombreadas da floresta de Fontainebleau; as margens calmas e aprazíveis do Sena que a bordejam; os isolamentos agrestes alcatifados de urzes e samambaias; os regatos murmurantes dos Vaux de Cernay; o parque solitário de Rambouillet; as velhas torres feudais de Étampes e de Montlhéry; a embocadura do Sena no Havre; os pequenos vales de Saint-Adresse; o cabo de Hève, dominando o imenso horizonte do mar; as falésias verdejantes de Granville, projetadas por cima do abismo; as antigas muralhas do Monte Saint-Michel, envoltas pela vaga das marés, e as maravilhas de sua abadia erguida para as nuvens; serviram de palco às suas excursões curiosas, nas quais, como dois pássaros ávidos de liberdade e de amor, eles iam sonhar, cantar, adormecer, sonhar e cantar ainda. Intensos luares de luz nacarada, crepúsculos de fulgurâncias douradas; e vós, silenciosas estrelas da noite que cintilais acima do mar profundo, jamais, diante de vós, olhares mais encantados se abriram, jamais corações humanos palpitaram em comunhão mais íntima com o eterno sopro do Amor que guia o mundo.

Sim, assim passaram, como um doce sonho, os meses daquela deliciosa primavera, daquele ardente verão. O sol de julho já brilhara em seu solstício, e o momento da partida de Iclea para sua pátria chegara. Na época marcada, ela partiu com o pai para Kristiania. Mas, eles podiam ficar muito tempo separados? Se, em aritmética, um mais um são dois, é bem verdade que, em amor, um e um fazem um.

Spero seguiu-os alguns dias mais tarde. A intenção do jovem pesquisador era passar na Noruega os meses de agosto e setembro, e lá continuar os estudos que empreendera no ano precedente sobre a eletricidade atmosférica e sobre as auroras boreais, observações tão particularmente interessantes para ele, e que mal tivera tempo de iniciar.

Essa estada na Noruega foi a continuação do mais doce dos sonhos. Eles visitaram aqueles lagos solitários e silenciosos; aquelas colinas selvagens, cobertas de urzes; aquelas vastas e melancólicas paisagens que lembram a Escócia cantada por Ossian na lira dos bardos antigos. Tudo lhes falava do infinito e do amor. A loura filha do Norte envolvia seu amigo em uma auréola de perpétua sedução, que talvez lhe tivesse feito esquecer para sempre os atrativos da ciência, se ela própria não tivesse, conforme vimos, um gosto pessoal insaciável pelo estudo.

As experiências que o infatigável pesquisador empreendera interessaram-na tanto quanto a ele, e ela não tardou delas participar, associando-se com paixão, como uma assistente devotada às suas curiosas experiências. Também ela desejou conhecer a natureza dessas misteriosas chamas da aurora boreal que vêm à noite palpitar nas alturas da atmosfera, e, como a série dessas pesquisas o levasse a desejar uma ascensão em balão, destinada a surpreender o fenômeno a partir de sua origem, ela também sentiu o mesmo desejo. Ele tentou dissuadi-la, pois aquelas experiências aeronáuticas não eram destituídas de perigo. Mas, só a ideia de um perigo a partilhar bastou para torná-la surda às súplicas do bem-amado. Após longas hesitações, Spero decidiu levá-la com ele e preparou, na Universidade de Kristiania, uma ascensão para a primeira noite de aurora boreal.

Capítulo V

A Aurora Boreal. Ascensão aerostática. Em pleno céu. Catástrofe

As perturbações da agulha magnética haviam anunciado a chegada da aurora antes mesmo do pôr do sol, e o aeróstato já começava a ser inflado com gás hidrogênio puro, quando, com efeito, o céu deixou perceber ao norte magnético a coloração transparente verde-dourada, que é sempre o indício seguro de uma aurora boreal. Em algumas horas os preparativos foram terminados. A atmosfera, inteiramente livre de nuvens, estava de uma perfeita limpidez; as estrelas cintilavam nos céus, no seio de profunda escuridão, sem luar, atenuada apenas em direção ao Norte por suave luz, que se levantava em arco acima de um segmento escuro, e lançava nas alturas da atmosfera débeis jatos cor-de-rosa e um pouco esverdeados, que pareciam as palpitações de uma vida desconhecida. O pai de Iclea, que assistia à insuflação do balão, não desconfiava da partida da filha; mas, no último momento, ela entrou na nacela, como se fosse visitá-la; Spero deu o sinal e o aeróstato levantou-se lenta e majestosamente, acima da cidade de Kristiania que surgiu, iluminada por milhares de luzes, abaixo dos dois viajantes aéreos, e foi diminuindo de tamanho ao afastar-se na negra profundidade.

Logo, o esquife celeste, levado por uma ascensão oblíqua, planou por cima dos negros campos e as claridades, empalidecendo, desapareceram. O ruído da cidade distanciara-se ao mesmo tempo; um profundo silêncio, o silêncio absoluto das alturas, envolveu a nave aérea. Impressionada por aquele silêncio sem par, principalmente talvez pela novidade da situação, Iclea chegava-se ao peito do temerário amigo. Subiam rapidamente. A aurora boreal parecia descer, estendendo-se por sob as estrelas, como ondulante roupagem de chamalote de ouro e púrpura, percorrida de tremores elétricos. Com o auxílio de uma pequena esfera de cristal habitada por vagalumes, Spero observava seus instrumentos e anotava as indicações correspondentes às alturas atingidas. A aeronave subia sempre. Que imensa alegria para o pesquisador! Dentro de poucos minutos, ele iria planar no cimo da aurora boreal, iria encontrar a resposta à questão da altura da aurora, em vão feita por tantos físicos, e principalmente pelos seus queridos mestres, os dois grandes "psicólogos e filósofos" Ørsted e Ampère.

A emoção de Iclea acalmara.

– Então, tiveste medo? – perguntou-lhe o noivo –. O aeróstato é seguro. Nenhum acidente deve ser temido. Tudo está calculado. Dentro de uma hora desceremos. Não há nem sombra de vento na Terra.

– Não, – respondeu ela, enquanto que uma claridade celeste a iluminava com transparente luz rosada, – mas é tão estranho, é tão belo, tão divino! E é tão grande para mim, que sou tão pequena! Por um momento, senti um calafrio. Parece-me que te amo mais do que nunca...

E, lançando os braços em torno de seu pescoço, enlaçou-o em um abraço apaixonado, longo, sem fim.

O aeróstato solitário vogava em silêncio nas alturas aéreas, esfera de gás transparente encerrada em fino invólucro de seda, cujas zonas verticais se podiam distinguir, da nacela, reunindo-se todas em cima, no círculo da válvula, ficando a parte inferior do balão largamente aberta para a dilatação do gás. A obscura claridade que cai das estrelas, de que fala Corneille, teria sido suficiente, na falta dos clarões da aurora boreal, para permitir que se distinguisse o conjunto do esquife aéreo. A nacela, suspensa na rede que envolvia a esfera de seda, estava amarrada com o auxílio de oito sólidas cordas, tecidas no vime da nacela e passando sob os pés dos aeronautas. O silêncio era profundo, solene; poder-se-ia ter ouvido os batimentos de seus corações. Os derradeiros ruídos da Terra haviam desaparecido. Eles vogavam a cinco mil metros de altura, com uma velocidade desconhecida, levando o vento superior o navio aéreo sem que pudessem sentir o menor sopro na nacela, pois o balão é imerso no ar que se move, como uma simples molécula relativamente imóvel na corrente que o impulsiona. Únicos habitantes daquelas regiões sublimes, nossos dois viajantes gozavam a situação de deliciosa felicidade que os aeronautas conhecem, quando respiraram aquele ar vivo e leve, dominaram as regiões baixas, esqueceram no silêncio dos espaços todas as vulgaridades da vida terrestre; e, melhor do que nenhum de seus precursores, eles apreciavam aquela situação única, duplicando-a, decuplando-a pelo sentimento de sua própria felicidade. Falavam em voz baixa, como se receassem ser ouvidos pelos anjos e ver esvair-se o encanto mágico que os mantinha suspensos na vizinhança do céu... Por vezes, uns clarões súbitos, raios da aurora boreal, vinham atingi-los, e depois tudo caía novamente em uma escuridão mais profunda e mais insondável.

Vogavam, assim, em seu sonho estrelado, quando inesperado ruído atingiu-lhes os ouvidos, qual um silvo surdo. Escutaram, debruçaram-se à beira da nacela, prestaram atenção. O ruído não vinha da Terra. Seria um murmúrio elétrico da aurora boreal? Seria alguma tempestade magnética nas alturas? Relâmpagos pareciam chegar do fundo do espaço, envolvê-los e desaparecer. Eles escutaram, ofegantes. O ruído estava bem próximo a eles... Era o gás que se escapava do aeróstato.

Fosse porque a válvula tivesse se entreaberto sozinha, fosse porque, em seus movimentos, eles houvessem exercido pressão na corda, o gás escapava!

Spero logo percebeu a causa daquele inquietante ruído, mas foi com terror, pois era impossível fechar a válvula. Examinou o barômetro, que começava a subir lentamente: o aeróstato começava, pois, a descer. E a queda, a princípio lenta, mas inevitável, devia ir aumentando em proporção matemática. Sondando o espaço inferior, viu as chamas da aurora boreal refletirem-se no límpido espelho de um lago imenso.

O balão descia com rapidez e não estava a mais do que três mil metros do solo. Conservando, aparentemente, toda a calma, mas não tendo nenhuma ilusão sobre a iminência da catástrofe, o infeliz aeronauta lançou sucessivamente por sobre a borda os dois sacos de lastro que restavam, as cobertas, os instrumentos, a âncora, e deixou a nacela vazia, mas esse alívio insuficiente só serviu para diminuir por um instante a velocidade adquirida. Descendo, ou antes, caindo agora com inaudita rapidez, o balão chegou rapidamente a apenas algumas centenas de metros acima do lago. Um vento intenso começou a soprar de baixo para cima e a sibilar em seus ouvidos.

O aeróstato redemoinhou sobre si mesmo, como estivesse sendo arrebatado por uma tromba. De repente, Georges Spero sentiu um violento abraço, um longo beijo nos lábios:

– Meu Senhor, meu Deus, meu Tudo, eu te amo – exclamou Iclea.

E, afastando duas cordas, precipitou-se no vazio.

O balão, aliviado, voltou a subir feito uma flecha: Spero estava salvo.

A queda do corpo de Iclea na água profunda do lago produziu um barulho surdo, estranho, terrível, em meio do silêncio da noite. Louco de dor e de desespero, sentindo os cabelos eriçados no crânio, abrindo os olhos, sem nada ver, levado pelo aeróstato a mais de mil metros de altura, ele se suspendeu à corda da válvula, na esperança de voltar em seguida ao ponto da catástrofe; mas a corda não funcionou. Procurou, tateou sem resultado. Sob a mão encontrou o pequeno véu de sua amada, que ficara preso a uma das cordas, leve véu perfumado, impregnado ainda do inebriante perfume de sua bela companheira; olhou bem para as cordas, julgou encontrar nelas a marca das mãozinhas crispadas e, pondo as suas mãos no mesmo lugar onde, segundos antes, Iclea pusera as dela, jogou-se.

Por um instante, seu pé permaneceu preso em uma das cordas; mas teve forças para desprender-se, e caiu, turbilhonando, no espaço.

Um barco pesqueiro, que assistira ao fim do drama, remara rapidamente para o ponto do lago onde a moça se precipitara, e conseguira achá-la e recolhê-la. Não estava morta. Mas todos os cuidados que lhe foram prodigalizados não impediram que a febre a acometesse, fazendo dela sua presa. Os pescadores chegaram pela manhã a um pequeno porto à borda do lago e transportaram-na para a sua modesta cabana, sem que ela houvesse recuperado os sentidos. "Georges! – dizia, abrindo os olhos, – Georges!" – e era tudo. No dia seguinte, ela ouviu do sino da aldeia um dobre fúnebre. "Georges! – repetia, – Georges". Haviam achado o seu corpo, em estado de massa informe, a alguma distância da margem. Sua queda, de mais de mil metros de altura, começara por cima do lago; mas o corpo mantendo a velocidade horizontal adquirida pelo aeróstato, não caíra verticalmente: descera em sentido oblíquo, como se ele tivesse deslizado ao longo de um fio, seguindo o balão em sua marcha, e caíra, massa precipitada do céu, em uma campina que bordejava as margens do lago, marcara profundamente o solo e ricocheteara a mais de um metro do ponto da queda; mas seus próprios ossos estavam esmigalhados e o cérebro saíra pela testa. Mal sua cova se fechara, quando tiveram que abrir, ao lado, a de Iclea, que morrera repetindo, com voz extinta: "Georges! Georges".

❁ ❁ ❁

Uma única laje cobriu as duas tumbas, e o mesmo salgueiro estendeu sua sombra por sobre o sono de ambos. Ainda hoje, os ribeirinhos do belo lago de Tyrifjorden conservam nos corações a melancólica lembrança da catástrofe, que se tornou quase lendária, e não mostram a pedra sepulcral ao viajante sem associarem a sua memória ao pesar de um doce sonho esvanecido.

Capítulo VI

O progresso eterno. Sessão magnética

Os dias, as semanas, os meses, as estações, o ano passam depressa neste planeta, e sem dúvida também nos outros. Mais de vinte vezes já a Terra percorreu a sua revolução anual em torno do Sol, depois do dia em que o destino fechou tão tragicamente o livro que os meus dois jovens amigos liam havia, então, menos de um ano: sua felicidade foi breve, a sua manhã se esvaiu como uma aurora. Embora eu não os tivesse esquecido,[1] deixara de pensar neles, quando recentemente, em uma sessão de hipnotismo, em Nancy, onde me detive alguns dias ao ir para os Vosges, senti-me levado a interrogar um "paciente", com o auxílio do qual os sábios experimentadores da Academia Stanislas haviam obtido alguns daqueles resultados verdadeiramente assombrosos, de que a imprensa científica nos fala já há alguns anos. Já não sei mais como iniciou nossa conversa sobre o planeta Marte.

Depois de me ter descrito uma região ribeirinha de um

1 Há às vezes estranhas coincidências. No dia em que Spero fez a ascensão que lhe devia ser tão fatal, eu sabia que ele se lançara aos ares, pela extraordinária agitação da agulha magnética que, em Paris onde eu ficara, anunciava a existência da intensa aurora boreal, tão ansiosamente esperada por ele para aquela viagem aérea. Sabemos, com efeito, que as auroras boreais se manifestam ao longe pelas perturbações magnéticas. Porém, o que mais me surpreendeu, e para o que ainda não obtive explicação, é que, exatamente à hora da catástrofe, experimentei indefinível mal-estar, depois uma espécie de pressentimento de que alguma desgraça lhe acontecera. O telegrama que me anunciou a sua morte encontrou-me quase preparado para ela.

mar conhecido dos astrônomos com nome de "Mar do Relógio de Areia[2]", e de uma ilha solitária que se ergue no seio desse oceano; depois de ter descrito as paisagens pitorescas e a vegetação avermelhada que ornam essas margens; as falésias banhadas pelas ondas e as praias arenosas aonde vão expirar as vagas, esse paciente, de extrema sensibilidade, empalideceu subitamente e levou a mão à fronte; seus olhos se fecharam, suas sobrancelhas se contraíram; ele parecia querer agarrar uma ideia fugitiva que se obstinava a fugir.

– Olhai! – exclamou o doutor B., erguendo sua mão como uma ordem inelutável. – Olhai! É a minha vontade!

– Vós tendes amigos ali – disse-me o sensitivo.

– Isso não me surpreende – repliquei rindo –. Já fiz bastante pelos habitantes desse planeta.

– Dois amigos – acrescentou –, que neste momento estão falando a vosso respeito.

– Oh! Oh! Pessoas que me conhecem?

– Sim.

– E de que modo?

– Conheceram-vos aqui.

– Aqui?

– Sim, na Terra.

– Ah! E há muito tempo?

– Não sei.

– Desde quando eles moram em Marte?

– Não sei.

– São jovens?

– São, dois namorados que se adoram.

Então as imagens encantadoras dos meus saudosos amigos traçaram-se vivas no meu pensamento. Mas mal eu havia pensado neles, que o sensitivo exclamou, dessa vez com voz mais segura:

– São eles!

– Como o sabeis?

– Estou vendo. São as mesmas almas. As mesmas cores.

– As mesmas cores?!

– Sim, as almas são luz.

2 N.T. – Syrtis Major.

Alguns instantes depois, ele acrescentou:

– Entretanto, há uma diferença.

Depois, permaneceu em silêncio, como se estivesse procurando algo. Mas, o seu rosto recuperando toda a calma, toda a serenidade, acrescentou:

– Ele se tornou ela, a mulher. Ela é agora ele, o homem. E se amam ainda mais do que se amavam outrora.

Como se ele mesmo não tivesse compreendido o que acabava de dizer, pareceu procurar uma explicação, fez penosos esforços, a julgar-se pela contração de todos os músculos de seu rosto, e caiu em uma espécie de catalepsia, da qual o doutor B. não tardou a livrá-lo. O momento de lucidez, porém, tinha fugido e não mais voltou.

Terminando, entrego este último fato aos leitores desta narrativa, tal qual ele se passou a meus olhos, e sem comentários. Segundo a hipótese atualmente admitida por vários hipnotizadores, o paciente teria sofrido a influência de meu próprio pensamento, quando o professor lhe ordenou que me respondesse? Ou, mais independente, teria ele verdadeiramente se "libertado" e *vira* além da nossa esfera? Não me permitiria tomar uma decisão. Talvez nós venhamos a saber pelo prosseguimento da narrativa.

Entretanto, confessarei, com toda a sinceridade, que o renascimento do meu amigo e de sua adorada companheira no mundo de Marte, planeta vizinho do nosso, e tão notavelmente semelhante ao que habitamos, embora mais antigo e adiantado, sem dúvida, na via do progresso, pode parecer aos olhos do pensador a continuação lógica e natural da sua existência terrena tão rapidamente ceifada.

Certamente Spero não se enganara, declarando que a matéria não é o que parece ser; que as aparências são enganadoras; que o real é o invisível; que a força anímica é indestrutível; que, no absoluto, o infinitamente grande é idêntico ao infinitamente pequeno; que os espaços celestes não são intransponíveis e que as almas são as sementes das populações planetárias. Quem sabe se a filosofia do dinamismo não revelará, um dia, aos apóstolos da astronomia a religião do futuro? Não empunha URÂNIA a tocha sem a qual todo o problema é insolúvel, sem a qual toda a natureza se manteria, para nós, em impenetrável escuridão?

O Céu deve explicar a Terra; o infinito deve explicar a alma e suas faculdades imateriais.

O desconhecido de hoje é a verdade de amanhã.

As páginas seguintes irão, talvez, deixar-nos pressentir o misterioso elo que une o transitório ao eterno, o visível ao invisível, a Terra ao Céu.

Terceira Parte

Céu e Terra

Capítulo I

Telepatia. O desconhecido de ontem. O "cientista". As aparições. Fenômenos inexplicáveis. As faculdades psíquicas. A alma e o cérebro

A sessão magnética de Nancy deixara uma viva impressão em minha mente. Com frequência eu pensava em meu amigo desaparecido, em suas investigações nos domínios inexplorados da natureza e da vida, em suas pesquisas analíticas, sinceras e originais sobre o misterioso problema da imortalidade. Porém, eu não mais podia pensar em Spero sem associar a ele a ideia de uma reencarnação possível no planeta Marte.

Essa ideia parecia-me audaciosa, temerária, meramente imaginária, se assim o desejarem, porém não absurda. A distância daqui a Marte é igual a zero para a transmissão da atração; ela é quase insignificante para a da luz, já que alguns minutos bastam a uma ondulação luminosa para atravessar esses milhões de léguas. Eu pensava no telégrafo, no telefone, no fonógrafo, na transmissão da vontade de um magnetizador ao seu paciente, através de uma distância de vários quilômetros, e chegava, por vezes, a me perguntar se algum maravilhoso progresso da ciência não lançaria, de repente, uma ponte celeste entre o nosso mundo e seus congêneres do infinito.

Nas noites seguintes, só observei Marte ao telescópio distraído por mil pensamentos estranhos. O planeta era, entretanto, admirável, e assim se mostrou durante toda a primavera e todo o verão de 1888. Grandes inundações aconteceram em um de seus continentes, na Líbia, como já os astrônomos haviam observado em 1882 e em diversas circunstâncias. Reconhecia-se que a sua meteorologia e a sua climatologia não são iguais às nossas, e que as águas que cobrem cerca da metade da superfície do planeta sofrem estranhos deslocamentos e variações periódicas, de que a geografia terrestre não pode dar alguma ideia. As neves do polo boreal tinham diminuído muito, o que provava ter sido o verão daquele hemisfério bastante quente, embora menos elevado do que o do hemisfério austral. Além disso, houvera muito poucas nuvens sobre Marte durante toda a série de nossas observações. Mas, coisa apenas crível, não eram esses fatos astronômicos, embora tão importantes, e base de todas as nossas conjeturas, o que mais me interessava: era o que o magnetizado me dissera sobre Georges e Iclea. As imagens fantásticas que me atravessavam o cérebro impediam-me de fazer uma observação verdadeiramente científica. Perguntava-me, com tenacidade, se não podia existir comunicação entre dois seres tão afastados um do outro, e mesmo entre um morto e um vivo, e todas as vezes me respondia que tal questão era por si mesma anticientífica e indigna de um espírito positivo.

Entretanto, afinal, a que chamamos "ciência"? O que não é "científico" na natureza? Onde estão os limites do estudo positivo? A carcaça de um pássaro tem realmente caráter mais "científico" do que a sua plumagem de luminosas cores e do que seu canto de nuances tão sutis? O esqueleto de uma bela mulher é mais digno de atenção do que a sua estrutura de carne e a sua forma viva? A análise das emoções da alma não é "científica"? Não é científico pesquisar se realmente a alma pode ver de longe e de que modo? E depois, que estranha vaidade é essa, essa ingênua presunção de imaginarmos que a ciência tenha dito a sua última palavra; que conhecemos tudo o que há a conhecer; que os nossos cinco sentidos sejam suficientes para apreciar a natureza do Universo? Dizer que podemos reconhecer, entre as forças que agem ao nosso redor, a atração, o calor, a luz, a eletricidade, quer dizer que não existem outras forças, as quais nos escapam porque não possuímos sentidos para percebê-las? Não é essa hipótese que é absurda, e sim a ingenuidade dos pedagogos e dos clássicos. Sorrimos das ideias dos astrônomos, dos físicos, dos médicos, dos teólogos de três séculos passados: daqui a três séculos, os nossos sucessores nas ciências não sorrirão, por sua vez, das afirmações daqueles que pretendem, hoje, tudo conhecer?

Os médicos a quem comuniquei, há quinze anos, os fenômenos magnéticos, por mim observados em certas experiências, negavam todos, com convicção, a realidade dos fatos observados. Encontrei recentemente um deles no Instituto: "Oh! – ele disse, não sem sutileza, – naquela época era magnetismo, hoje é hipnotismo, e somos nós que o estamos estudando. É bem diferente".

Moral da história: Nada neguemos com opinião preconcebida. Estudemos, constatemos: a explicação virá mais tarde.

Eu estava nessas disposições de espírito, quando, andando de um lado a outro na minha biblioteca, os meus olhos caíram sobre uma bela edição de Cícero, em que eu não reparara havia muito tempo. Peguei um volume, abri-o maquinalmente ao acaso, e li o que se segue:

> Dois amigos chegam a Megara e hospedam-se separadamente. Mal um deles adormecera, quando viu diante de si o companheiro de viagem, anunciando-lhe, com ar triste, ter o seu hospedeiro urdido um plano para assassiná-lo, e suplicando-lhe que fosse o mais depressa possível socorrê-lo. O outro acordou; mas, persuadido de que fora iludido por um sonho, não tardou em readormecer. O amigo apareceu-lhe novamente e rogou-lhe que se apressasse, porque os assassinos iam entrar em seu quarto. Mais perturbado, ele se surpreendeu com a persistência de tal sonho, mas se dispôs a ir procurar o amigo; porém, o raciocínio e o cansaço acabaram por triunfar, e ele voltou a deitar-se. Então, o amigo apareceu-lhe pela terceira vez, pálido, ensanguentado, desfigurado. "Infeliz – falou –, não vieste quando eu te implorava! Está consumado; agora, vinga-me. Ao nascer do sol, encontrarás à porta da cidade uma carroça cheia de estrume; faze-a parar e ordena que a descarreguem: encontrarás meu corpo escondido ali. Faze com que me prestem as honras da sepultura e persegue meus assassinos".
> Uma tenacidade tão grande, pormenores tão minucio-

sos não permitem mais hesitação. O amigo levantou-se, correu à porta indicada, encontrou ali a carroça, deteve o condutor, que se perturbou, e, logo às primeiras buscas, o corpo de seu amigo foi encontrado.

Esta narrativa parecia vir expressamente em apoio de minhas opiniões sobre as incógnitas do problema científico. Certamente, não faltam hipóteses, para responder ao ponto de interrogação. Podemos dizer que talvez a história não tenha acontecido tal como Cícero a contou: que foi ampliada, exagerada; que dois amigos, chegando a uma cidade estrangeira, podem temer um acidente; que, temendo pela vida de um amigo, após o cansaço de uma viagem e no meio do silêncio da noite, pode-se chegar a sonhar que esse amigo é vítima de um assassinato. Quanto ao episódio da carroça, os viajantes podem ter visto uma no pátio da hospedaria, e o princípio de associação de ideias vem relacioná-la ao sonho. Sim, podemos fazer todas essas hipóteses explicativas, mas são apenas hipóteses. Admitirmos que houve, realmente, comunicação entre o morto e o vivo é também outra hipótese.

São bem raros os fatos desta ordem? Não me parece. Lembro-me, entre outros, de uma narrativa que me foi feita por um velho amigo de minha juventude, Jean Best, que fundou o ***Magasin Pittoresque***, em 1833, com o meu eminente amigo Édouard Charton, morto há alguns anos. Era um homem sério, frio, metódico (hábil gravurista e tipógrafo, administrador escrupuloso). Todos quantos o conheceram sabem como o seu temperamento era inexcitável e quanto o seu espírito era afastado das coisas da imaginação. Pois bem: o seguinte fato aconteceu a ele mesmo, quando era criança, aos cinco ou seis anos de idade.Foi em Toul, sua terra natal. Em uma bela noite, ele estava deitado em sua caminha, e não dormia, quando viu sua mãe entrar no quarto, atravessá-lo e dirigir-se à sala vizinha, cuja porta encontrava-se aberta, e onde o pai jogava cartas com um amigo. Ora, sua mãe, enferma, estava, naquele momento, em Pau. Ele se levantou imediatamente do leito e correu para junto da mãe na sala... onde a procurou vão. Seu pai o repreendeu com alguma impaciência e mandou-o deitar-se novamente, afirmando que ele havia sonhado.

Então, o menino, acreditando ter efetivamente sonhado, tentou dormir. Algum tempo depois, porém, estando novamente com os olhos abertos, viu pela segunda vez, muito distintamente, sua mãe que passava perto dele, e dessa vez correu para ela, a fim de abraçá-la. Mas ela logo desapareceu. Não quis mais deitar-se e ficou na sala, onde o pai continuava a jogar.

No mesmo dia, àquela mesma hora, sua mãe falecia em Pau.

Obtive este relato do próprio senhor Best, que conservara indelével recordação do caso. Como explicá-lo? Poderíamos dizer que o menino, sabendo que sua mãe estava doente, pensava nisso com frequência e que teve uma alucinação que, por acaso, coincidiu com a morte dela. É possível. Mas podemos também pensar que havia um laço simpático entre a mãe e a criança e que, naquele solene momento, a alma da mãe esteve realmente em comunicação com a do filho. Como? – poderíamos perguntar. Não sabemos em absoluto. Mas o que não sabemos está para o que sabemos na mesma proporção que o oceano está para uma gota de água.

Alucinações! Isso é dito com facilidade. Quantas obras médicas escritas sobre este assunto! Todo mundo conhece a de Brierre de Boismont. Entre as inúmeras observações que a compõem, citemos, a esse respeito, as duas seguintes:

> Obs. 84 – Quando o rei Jaques foi à Inglaterra, na época da peste em Londres, achando-se no campo, na casa de sir Roberto Cotton, com o velho Cambden, viu em sonho seu filho mais velho, ainda criança, que habitava então em Londres, com uma cruz sanguinolenta na fronte, como se tivesse sido ferido por uma espada. Assustado com essa aparição, ele começou a rezar e pela manhã se dirigiu ao aposento de sir Cambden, a quem narrou o acontecimento noturno. Este tranquilizou o monarca, dizendo-lhe que fora vítima de um sonho, e não havia motivo para atormentar-se. No mesmo dia, o rei recebeu uma carta de sua mulher, que lhe noticiava a perda do filho, vítima da peste. Quando o menino se mostrou ao pai, tinha a altura e as proporções de um homem feito.
>
> Obs. 87 – A senhorita R., dotada de um excelente senso de julgamento, religiosa sem carolice, morava, antes de casar, na casa de seu tio D., célebre médico,

> membro do Instituto. Estava separada da mãe, afetada, na província, de enfermidade bastante grave. Certa noite, a jovem sonhou que avistava a mãe diante dela, pálida, desfigurada, prestes a exalar o último suspiro, e expressando, principalmente, viva tristeza por não se achar rodeada dos filhos, dos quais um, vigário de uma paróquia de Paris, emigrara para a Espanha, e o outro, que também estava em Paris. Pouco depois, ouviu chamarem-na várias vezes pelo nome de batismo; viu, no sonho, as pessoas que rodeavam sua mãe, imaginando que esta chamava pela neta, que tinha o mesmo nome, irem buscá-la na peça vizinha; um sinal da doente indicou-lhes não ser a neta, mas a filha, que habitava em Paris, que ela desejava ver. Seu rosto exprimia a dor que sentia por sua ausência; e, de repente, seus traços se descompuseram, cobriram-se da palidez da morte, e ela caiu sem vida sobre a cama.
>
> No dia seguinte, a senhorita R. apresentou-se muito triste diante de D., que lhe pediu que dissesse a causa de sua dor; ela contou-lhe pormenorizadamente o sonho que tanto a atormentara. D., encontrando-a nesse estado de espírito, estreitou-a ao peito, confessando-lhe que a notícia do sonho era muito verdadeira, pois sua mãe acabava de morrer, mas não lhe deu outras explicações.
>
> Alguns meses depois, a senhorita R., aproveitando a ausência do tio para colocar em ordem seus papéis, nos quais, como muitos outros cientistas, ele não gostava que tocassem, encontrou uma carta contando ao tio as circunstâncias da morte de sua mãe. Qual não foi a sua surpresa ao ler todas as particularidades do seu sonho!

Alucinação! Coincidência fortuita! Será isso, por acaso, uma explicação satisfatória? E, em todo caso, é uma explicação que absolutamente nada explica!

Uma multidão de ignorantes, de todas as idades e de todas as profissões, os que vivem de suas rendas, negociantes ou deputados, céticos por temperamento ou por modismo, declaram simplesmente que não acreditam em todas essas histórias, e que nelas nada existe de verdadeiro. Isso não é, tampouco, uma solução muito séria. As mentes habituadas ao estudo não podem satisfazer-se com tão leviana negação.

Um fato é um fato. Não podemos deixar de admiti-lo, mesmo quando, no estado atual de nossos conhecimentos, seja impossível explicá-lo.

Com efeito, os anais de medicina testemunham que há realmente alucinações de mais de um gênero, e que certas organizações nervosas são vítimas delas. Mas daí a concluir que todos os fenômenos psicobiológicos não explicados são alucinações, há um abismo.

O espírito científico do nosso século procura, com razão, desvincular todos esses fatos das névoas enganosas do sobrenaturalismo, tendo em vista que neles não nada há nada de sobrenatural, e que a natureza, cujo reino é infinito, abrange tudo. Já há alguns anos, notadamente, organizou-se, na Inglaterra, uma sociedade científica especial para o estudo desses fenômenos, a ***Society for Psychical Research***. Tem ela, à sua frente, alguns dos mais ilustres cientistas do Além-Mancha, e já forneceu importantes publicações. Esses fenômenos de visão à distância são classificados sob o título geral de ***telepatia*** (τηλε = distância; πάθεια = sensação). Rigorosas enquetes são feitas para controlar seus testemunhos. Sua variedade é considerável. Folheemos juntos, por um instante, uma dessas coletâneas,[1] e destaquemos dela alguns documentos devida e cientificamente bem comprovados.

No seguinte caso, observado recentemente, o observador estava totalmente acordado, como o estamos neste momento. Trata-se de certo senhor Roberto Bee, residente em Wigan (Inglaterra). Segue o curioso relato, escrito pelo próprio observador:

> Em 18 de dezembro de 1873, minha esposa e eu fomos visitar a sua família, em Southport, deixando, aparentemente, meus pais em perfeita saúde. Na tarde do dia seguinte, tínhamos saído para um passeio à beira-mar, quando me senti tão profundamente triste que me foi impossível interessar-me por qualquer coisa, de modo que não tardamos em regressar.
>
> Subitamente, minha mulher manifestou certo sentimento de tristeza, e disse que ia passar alguns minutos no quarto de sua mãe. Um momento depois, levantei-me também da poltrona, e fui até a sala.

---

1 ***Phantasms of the Living***, de E. Gurney e Fred. Myers, professores da Universidade de Cambridge, e Frank Podmore, Londres, 1886. ***A Society for Psychical Research*** tem por presidente o professor Balfour Stewart, da Sociedade Real de Londres.

Uma senhora, vestida como se fosse sair, aproximou-se de mim, vinda do quarto de dormir contíguo. Não notei seus traços, porque ela não olhava para o meu lado; entretanto, imediatamente lhe dirigi a palavra, cumprimentando-a, mas não mais me lembro do que eu lhe disse.

No mesmo momento, e enquanto ela passava por diante de mim, minha mulher voltava do quarto da mãe e passava justamente pelo lugar onde eu estava vendo aquela senhora, sem parecer notá-la. Imediatamente, eu exclamei, com um vivo sentimento de surpresa:

– Quem é, pois, essa senhora com quem acabas de cruzar?

– Mas não cruzei com ninguém! – respondeu minha mulher, ainda mais surpresa do que eu.

– Como? – repliquei –, não viste, agora mesmo, uma senhora que acabava de passar exatamente no lugar em que estás, que saiu provavelmente do quarto de tua mãe e que deve estar agora no vestíbulo?

– É impossível – respondeu ela –, neste momento não há ninguém na casa, exceto minha mãe e nós dois.

Com efeito, nenhuma pessoa estranha tinha vindo, e a busca que imediatamente fizemos em nada resultou.

Eram dez para as oito horas. Na manhã seguinte, um telegrama nos noticiava a morte súbita de minha mãe, em consequência de uma enfermidade cardíaca, precisamente à mesma hora. Ela estava então na rua, e vestida exatamente como a desconhecida que eu vira passar diante de mim.

Tal é a narrativa do observador. A investigação feita pela ***Société des Recherches Psychiques*** demonstrou a autenticidade absoluta e a concordância dos testemunhos. Esse é um fato tão positivo quanto uma observação meteorológica, astronômica, física ou química. Como explicá-lo? Coincidência, dir-se-á. Uma rigorosa crítica científica pode, realmente, ficar satisfeita com essa palavra?

Ainda outro caso:

O senhor Frederico Wingfield, residente em Belle-Isle-en-Terre (Côtes-du-Nord), escreveu que em 25 de março de 1880, tendo-se deitado bastante tarde, depois de haver lido durante uma parte da noite, sonhou que seu irmão, residente no Condado de Essex, na Inglaterra,

estava ao seu lado, mas que em vez de responder a uma pergunta que ele lhe fazia, meneou a cabeça, levantou-se da cadeira e saiu. A impressão fora tão viva, que o narrador, meio adormecido, precipitou-se para fora da cama e acordou no momento em que punha o pé no tapete e chamava pelo irmão. Três dias depois, ele recebia a notícia de que o irmão fora morto, em consequência de uma queda de cavalo, no mesmo dia, 25 de março de 1880, à noite (às vinte horas e trinta minutos), algumas horas antes do sonho que acaba de ser contado.
Uma investigação provou que a data dessa morte é exata, e que o autor da narração escrevera o seu sonho em um diário, na mesma data do acontecimento, e não depois.

Mais outro caso:

Os senhores S. e L., ambos empregados em um órgão público, mantinham relações de íntima amizade havia oito anos. Na segunda-feira, 19 de março de 1883, L., quando ia ao escritório, teve uma indigestão e entrou, então, em uma farmácia, onde lhe ministraram um medicamento, dizendo-lhe que ele tinha uma afecção do fígado. Na quinta-feira seguinte, não estava melhor; no sábado daquela mesma semana ainda estava ausente do escritório.
Sábado à noite, 24 de março, S. estava em casa, com dores de cabeça, deitou-se e, um minuto depois, viu o amigo L. em pé diante dele, vestido com suas roupas habituais. S. até notou um detalhe nos trajes de L., ou seja, que no seu chapéu havia um crepe negro, que o seu sobretudo não estava abotoado e que segurava uma bengala. L.. olhou fixamente para S. e passou. Então S. lembrou-se da frase que se encontra no Livro de Jó: "Então um espírito passou por diante de mim; arrepiaram-se os pelos do meu corpo". Naquele momento ele sentiu um calafrio percorrer todo o seu corpo e seus cabelos se eriçaram. Então, perguntou à sua mulher:
– Que horas são?
– Doze para as nove – respondeu ela.
– Pergunto isto porque L. morreu; acabo de vê-lo.
Ela tentou persuadi-lo de que era mera ilusão; ele, porém, afirmou do modo mais sério que nenhum raciocínio poderia fazê-lo mudar de opinião.

Tal é a narrativa feita pelo senhor S. Só soube da morte de seu amigo L. no domingo seguinte, às três horas da tarde.

L. morrera efetivamente no sábado à noite, em torno de dez para as nove horas.

Podemos relacionar essa narrativa com o acontecimento histórico contado por Agrippa d'Aubigné, no momento da morte do cardeal de Lorraine.

> Charles, cardeal de Lorraine, morreu em Avignon, em 23 de dezembro de 1574, quando o rei ali estava. A rainha (Catherine de Médicis) recolhera-se ao leito mais cedo que de hábito, assistindo a essa cerimônia, entre outras pessoas notáveis, o Rei de Navarra, o Arcebispo de Lyon, as damas de Retz, de Lignerolles e de Saunes, duas das quais confirmaram esse relato. Quando ia dar boa noite, atirou-se sobressaltada para a cabeceira, cobriu o rosto com as mãos e, com violento grito, chamou em socorro as pessoas que a assistiam, querendo mostrar-lhes aos pés da cama o cardeal, que lhe estendia a mão. Por várias vezes exclamou:
> – Senhor cardeal, nada tenho a tratar convosco.
> O rei de Navarra enviou ao mesmo tempo à casa do cardeal um dos seus homens, o qual ao voltar contou como ele havia expirado naquele mesmo momento.

Em seu livro sobre "a humanidade póstuma", publicado em 1882, Adolfo d'Assier garantiu a autenticidade do seguinte fato, que lhe foi narrado por uma pessoa de Saint-Gaudens como tendo ocorrido com ela mesma:

> Era eu ainda menina, e dormia com minha irmã, mais velha do que eu. Certa noite, nós acabávamos de nos deitar e de apagar a vela. O fogo da lareira, mal apagado, ainda iluminava fracamente o quarto. Voltando os olhos para o lado da lareira, avistei, para minha grande surpresa, um padre sentado em frente à mesma, aquecendo-se. Tinha a corpulência, as feições e a aparência de um de nossos tios, que habitava nos arredores e era arcipreste. Contei imediatamente essa observação à minha irmã. Ela olhou para o lado da lareira e viu a mesma aparição. Reconheceu igualmente nosso tio,

> o arcipreste. Um pavor indizível apoderou-se então de nós e gritamos com todas as forças: *Socorro*! Meu pai, que dormia em um quarto vizinho, despertado por esses gritos desesperados, ergueu-se rapidamente e logo chegou, com uma vela na mão. O fantasma desaparecera; não vimos mais ninguém no quarto. No dia seguinte, nós soubemos, por uma carta, que nosso tio, o arcipreste, morrera naquela noite.

Outro fato ainda, contado pelo mesmo discípulo de Augusto Comte e por ele registrado durante a sua estada no Rio de Janeiro:

> Foi em 1858. Na colônia francesa daquela Capital, falava-se ainda de uma singular aparição que ocorrera alguns anos antes. Uma família alsaciana, composta de marido, mulher e de uma filhinha ainda de pouca idade, navegava para o Rio de Janeiro, onde ia encontrar-se com alguns compatriotas estabelecidos naquela cidade. Sendo longa a travessia, a mulher adoeceu e, por falta, sem dúvida, de cuidados ou de alimentação adequada, sucumbiu antes de chegar. No dia de sua morte, teve uma síncope, ficou muito tempo nesse estado e, quando recuperou os sentidos, disse ao marido, que velava ao lado: "Morro contente, pois agora estou tranquila sobre a sorte de nossa filha. Venho do Rio de Janeiro. Encontrei a rua e a casa de nosso amigo Fritz, o carpinteiro. Ele estava de pé à porta; apresentei-lhe a menina; estou certa de que à tua chegada ele a reconhecerá e cuidará dela". O marido ficou surpreso com essa narração, sem, contudo, dar-lhe importância. No mesmo dia, à mesma hora, Fritz, o carpinteiro, o alsaciano de quem acabo de falar, encontrava-se à porta da casa em que habitava no Rio de Janeiro, quando pensou ter visto passar na rua uma de suas compatriotas, tendo nos braços uma menininha. Ela o olhava com ar suplicante, e parecia apresentar-lhe a menina que carregava. Seu rosto, que parecia extremamente magro, lembrava, todavia, os traços de Latta, a mulher do seu amigo e compatriota Schmidt. A expressão do rosto e a singularidade do andar, que parecia mais uma visão do que realidade, impressionaram vivamente Fritz. Querendo certificar-se de que não era vítima de uma ilusão, chamou um dos operários da loja, e também alsaciano, da mesma localidade.
>
> – Olha – disse-lhe –, estás vendo aquela mulher que vai

passando na rua, com uma criança nos braços? Não dirias que é Latta, a esposa de nosso patrício Schmidt?
– Não posso dizer-vos; não a distingo bem – respondeu o operário.
Fritz não disse mais nada; mas as circunstâncias daquela aparição, real ou imaginária, gravaram-se fortemente em sua mente, principalmente a hora e o dia. Algum tempo depois, viu chegar o seu compatriota Schmidt, trazendo nos braços uma menininha. A visita de Latta voltou-lhe à lembrança e antes que seu amigo houvesse aberto a boca, disse-lhe:
– Meu pobre amigo, sei tudo; tua mulher morreu durante a travessia, e antes de morrer veio apresentar-me a filhinha para que eu cuidasse dela. Eis a data e a hora.
Eram exatamente o dia e o momento registrados por Schmidt a bordo do navio.

Em sua obra sobre os grandes fenômenos da Magia, publicada em 1864, Gougenot des Mosseaux relata o seguinte fato, que garante ser absolutamente autêntico:

Sir Roberto Bruce, da ilustre família escocesa desse nome, é imediato de um navio. Certo dia, próximo de Terra-Nova, ele navegava e, entregue aos cálculos náuticos, julgou ver o seu capitão sentado à escrivaninha; mas, olhando com atenção, ele constatou que estava vendo um estranho, cujo olhar friamente fito nele surpreendeu-o. O capitão, para junto do qual ele subiu, percebeu o seu espanto e o interrogou-o a respeito:
– Mas quem, então, está sentado à vossa escrivaninha?
– perguntou-lhe Bruce.
– Ninguém!
– Sim! Há alguém lá; e é um estranho... mas como?
– Estais sonhando... ou zombando.
– De maneira alguma; descei, por favor, e vinde ver.
Eles desceram: ninguém estava sentado à escrivaninha.
O navio foi revistado completamente; nenhum estranho lá se encontrava.
– Entretanto, a pessoa que eu vi estava escrevendo na vossa ardósia; o que ele escreveu deve estar lá –, disse Bruce.
Eles examinaram a ardósia, que continha estas palavras:
Steer to the north-west, isto é : aproai para o Nordeste.
– Esta letra é vossa, ou de alguém de bordo?
– Não.

Pediram a todos que escrevessem a mesma frase, e nenhuma caligrafia se assemelhava à da ardósia.

– Bem, obedeçamos ao sentido dessas palavras; aproai o navio para o Nordeste, o vento é favorável e permite tentar a experiência.

Três horas depois, o vigia assinalava uma montanha de gelo e via, preso a ela, um navio de Quebec, desmantelado, cheio de gente, singrando para Liverpool, e cujos passageiros foram trazidos pelos escaleres do navio de Bruce.

No momento em que um dos homens subia o costado do navio libertador, Bruce estremeceu e recuou, fortemente abalado. Acabava de reconhecer o estranho que vira escrevendo as palavras na ardósia. Ele contou ao seu capitão o novo incidente.

– Querei escrever: ***Steer to the north-west*** nesta ardósia, – disse ao recém-chegado o capitão, apresentando-lhe o lado em que não havia nada escrito.

O estranho escreveu as palavras ditadas.

– Bem, reconheceis vossa caligrafia? – perguntou o Capitão, impressionado com a identidade das letras.

– Mas não me vistes escrever? Podeis por acaso duvidar?

Como única resposta o capitão voltou à lousa, e o homem fica confuso ao ver de ambos os lados a sua própria letra.

– Sonhastes que escrevias nesta ardósia? – indagou o capitão do navio naufragado àquele que acabava de escrever.

– Não, ao menos não me lembro de nada.

– Mas que estava este passageiro fazendo ao meio-dia? – perguntou ao colega o capitão do navio salvador.

– Como estava muito cansado, este passageiro adormeceu profundamente e, tanto quanto me recordo, isso ocorreu pouco antes do meio-dia. Passada uma hora, no máximo, ele despertou, e me disse: "Capitão, seremos salvos, hoje mesmo!" E acrescentou: "Sonhei que estava a bordo de um navio que vinha em nosso socorro." Descreveu o barco e a sua mastreação; e foi para nossa grande surpresa, quando navegastes ao nosso encontro, que reconhecermos a exatidão da descrição.

Afinal, o passageiro disse por sua vez:

– O que me parece estranho é que tudo quanto aqui vejo me parece familiar; e no entanto, jamais estive aqui.

O barão Dupotet, em seu curso de "magnetismo animal", relata, por outro lado ainda, o seguinte fato, publicado em 1814 pelo célebre Iung Stiling, que o ouvira do próprio observador, o barão de Sulza, camareiro do rei da Suécia.

> No verão, ele voltava a sua casa por volta da meia-noite, hora em que, na Suécia, há ainda bastante claridade para que se possa ler a mais minúscula letra.
> – Quando cheguei à minha herdade, – disse ele –, meu pai veio ao meu encontro à entrada do parque; estava vestido do modo habitual e segurava uma bengala que meu irmão havia esculpido. Cumprimentei-o e conversamos durante muito tempo. Assim voltamos para casa e até a porta do seu quarto. Ali entrando, vi meu pai despido, ao mesmo tempo em que a aparição se desvanecia. Pouco depois, meu pai despertou e olhou-me com ar interrogativo.
> – Meu caro Edouard, – disse –, louvado seja Deus, por eu te encontrar são e salvo, pois estive bem atormentado por tua causa, em sonho; parecia-me que havias caído na água e que corrias o risco de te afogar.Ora, naquele dia – acrescentou o Barão –, eu tinha ido, com um de meus amigos, ao rio para pescar caranguejos, e quase fora arrastado pela correnteza. Contei a meu pai que vira a sua aparição à entrada da herdade e que tivéramos uma longa conversa. Ele respondeu que muitas vezes ocorriam fatos semelhantes.

Nessas diversas narrativas vemos aparições, por assim dizer, provocadas pelo poder da vontade. Pode, então, ir até esse ponto a sugestão mental? Os autores do livro ***Phantasms of the Living***, do qual falamos mais acima, respondem afirmativamente com sete exemplos, suficientemente confirmados, dentre os quais oferecerei ainda um à atenção dos meus leitores. Ei-lo:

> O reverendo C. Godfrey, residente em Eastbourne, no Condado de Sussex, tendo lido um relato de aparição premeditada, ficou tão impressionado que resolveu fazer pessoalmente a experiência. Em 15 de novembro de 1886, por volta das onze horas da noite, concentrou todo o poder de imaginação e toda a força de vontade

de que era capaz, na ideia de aparecer a uma senhora, sua amiga, ficando de pé, junto à sua cama. O esforço durou cerca de oito minutos, ao final dos quais o senhor Godfrey sentiu-se cansado e adormeceu. No dia seguinte, a senhora que fora objeto da experiência veio espontaneamente contar ao senhor Godfrey o que tinha visto. Convidada a registrar sua lembrança por escrito, ela o fez nos seguintes termos:

– Esta noite, despertei sobressaltada, com a sensação de que alguém tinha entrado no meu quarto. Ouvi, igualmente, um barulho, mas supus que fossem os pássaros na hera fora da janela. Senti, a seguir, uma espécie de inquietação, e vago desejo de sair do quarto e descer ao andar térreo. Tão vivo se tornou esse sentimento, que finalmente me levantei, acendi uma vela e desci com a intenção de tomar algo para acalmar-me. Tornando a subir ao quarto, vi o senhor Godfrey em pé sob a grande janela que ilumina a escada. Estava vestido como de hábito e estava com a mesma expressão que eu já havia quando ele olha atentamente para alguma coisa. Estava imóvel, enquanto eu, mantendo a luz levantada, o fitava com extrema surpresa. Isso durou três ou quatro segundos, após o que, como eu continuava a subir, ele desapareceu. Não me senti assustada, mas muito agitada, e não mais consegui dormir.

O senhor Godfrey pensou judiciosamente que a experiência por ele realizada teria muito mais importância se ela se repetisse. Uma segunda tentativa falhou, mas a terceira teve êxito. É óbvio que a senhora sobre quem operava não fora prevenida de sua intenção, assim como não o fora da primeira vez. A noite passada, – escreveu ela –, terça-feira, 07 de dezembro, fui deitar-me às dez e meia. Logo adormeci. Subitamente, ouvi uma voz que dizia: "Acordai!" e senti que me punham a mão no lado esquerdo da cabeça. (A intenção do senhor Godfrey, daquela vez, tinha sido de fazer sentir a sua presença pela voz e pelo tato). Logo eu estava completamente desperta. Havia no quarto um som curioso, lembrando o de um marimbau. Sentia ao mesmo tempo uma espécie de hálito frio que me envolvia; meu coração se pôs a bater violentamente, e vi distintamente uma imagem inclinando-se sobre mim. A única luz que iluminava o aposento era a de uma lâmpada, do lado de fora, que projetava longa faixa de luz sobre a parede, por cima do

> toucador, sendo que essa faixa estava particularmente escurecida pelo vulto. Voltei-me com rapidez, e a mão pareceu cair da minha cabeça ao travesseiro, a meu lado. O vulto estava debruçado sobre mim, e o senti apoiado ao lado da cama. Vi-lhe o braço descansando, todo o tempo, no travesseiro. Distingui o contorno do seu rosto, mas parecendo dissimulado por uma névoa. Devia ser, mais ou menos, meia-noite e meia. O vulto tinha afastado levemente a cortina, mas verifiquei esta manhã que ela estava pendurada como sempre. Não tenho a menor dúvida de que o vulto era o do senhor Godfrey; reconheci-o pelo contorno dos ombros e pela forma do rosto. Durante todo o tempo em que ele ali esteve, reinou uma corrente de ar frio através do quarto, como se as duas janelas tivessem sido abertas.

São esses os *fatos*.

No atual estado de nossos conhecimentos, seria absolutamente temerário procurar sua explicação. A nossa psicologia não está bastante adiantada. Há muitas coisas que somos forçados a admitir, sem poder, absolutamente, explicá-las. Negarmos o que não podemos explicar seria pura demência. Explicava-se o sistema do mundo há mil anos? Mesmo hoje em dia, explicamos a atração? Mas a ciência evolui, e o seu progresso será sem fim.

Conhecemos toda a extensão das faculdades humanas? Que existam na natureza forças ainda por nós ignoradas, como o era, por exemplo, a eletricidade há menos de um século; que se encontrem no universo outros seres, dotados de outros sentidos e de outras faculdades, eis do que o pensador não pode duvidar um só instante. Mas, o próprio homem terrestre nos é por acaso completamente conhecido? Não parece.

Há fatos cuja realidade somos forçados a reconhecer, sem que, de modo algum, possamos explicá-los.

A vida de Swedenborg apresenta três fatos dessa ordem. Deixemos de lado, no momento, suas visões planetárias e siderais, que parecem mais subjetivas do que objetivas; notemos de passagem que Swedenborg era um pesquisador de primeira ordem em geologia, em mineralogia, em cristalografia, membro das academias de ciências de Upsal, Estocolmo e São Petersburgo, e limitemo-nos a recordar os três fatos seguintes:

Em 19 de julho de 1759, voltando de uma viagem à Inglaterra, o filósofo desembarcou em Gothenburg, e foi jantar à casa de certo William Costel, onde muitos convidados estavam reunidos. Às seis horas da tarde, o senhor Swedenborg, que havia saído, entrou na sala, pálido e consternado, e disse que naquele mesmo instante um incêndio acabava de desencadear-se em Estocolmo, no Südermoln, na rua em que ele habitava, e que o fogo se alastrava com violência em direção à sua casa. Tornou a sair, e voltou lamentando-se de que a residência de um de seus amigos acabava de ser reduzida a cinzas e que a sua corria o maior perigo. Às oito horas, depois de nova saída, disse com alegria: "Graças a Deus, o incêndio foi extinto, à terceira porta que precede a da minha casa".

A notícia espalhou-se por toda a cidade, causando a maior excitação, tanto mais porque o governador preocupara-se com o ocorrido, e que muitas pessoas estavam preocupadas com os bens e amigos que ali possuíam. Dois dias mais tarde, o Correio Real trouxe de Estocolmo a notícia do incêndio: nenhuma diferença havia entre as suas indicações e as que Swedenborg havia dado: o incêndio fora extinto às oito horas.

Este relato foi escrito pelo ilustre Emmanuel Kant, que quisera investigar o fato, e que acrescentou: "Que podemos alegar contra a autenticidade desse acontecimento"?

Ora, Gothenburg fica a duzentos quilômetros de Estocolmo.

Swedenborg tinha, então, setenta e dois anos.

Segue o segundo fato:

Em 1761, a senhora de Marteville, viúva de um ministro da Holanda em Estocolmo, recebeu de um credor de seu marido a reclamação de uma quantia de vinte e cinco mil florins holandeses (cinquenta mil francos), que ela sabia ter sido paga pelo marido, e cujo novo pagamento a colocava na maior dificuldade, quase a arruinando. Era-lhe impossível achar o recibo.

Ela foi visitar Swedenborg e, oito dias depois, viu em sonho o marido, que lhe indicou o móvel onde se encontrava o recibo, com um grampo de cabelo guarnecido de vinte diamantes, que ela julgava perdido também. Eram duas horas da manhã. Cheia de alegria, levan-

> tou-se e encontrou tudo no lugar indicado. Tornando a deitar-se, dormiu até às nove horas. Eram quase onze horas, quando o senhor Swedenborg se fez anunciar. Antes de saber o que acontecera, contou ele que, na noite anterior, vira o espírito do senhor de Marteville, o qual lhe declarara que ia visitar sua viúva.

Eis o terceiro fato:

> No mês de fevereiro de 1772, achando-se em Londres, ele mandou um bilhete ao reverendo John Wesley (fundador da Igreja Metodista dos Wesleyanos), para dizer-lhe que ficaria encantado em conhecê-lo. O ardente pregador recebeu esse bilhete no momento em que ia partir para uma missão, e respondeu que se aproveitaria do amável consentimento para visitá-lo no retorno de tal ausência, que devia durar cerca de seis meses. Swedenborg respondeu: "que, nesse caso, eles não se veriam neste mundo, pois sua morte ocorreria no próximo dia 29 de março".
>
> Swedenborg morreu, realmente, na data que indicara com mais de um mês de antecedência.
>
> Aí estão três fatos, cuja autenticidade não é possível negar, mas que no atual estado de nossos conhecimentos ninguém desejaria certamente encarregar-se de explicar.

Poderíamos multiplicar infinitamente tais relatos ***autênticos***. Fatos análogos aos que foram relatados mais acima, de comunicações à distância seja no momento da morte, seja no estado normal da vida, não são tão raros – sem que, contudo, sejam muito frequentes –, que cada um dos nossos leitores não tenha ouvido citar, e talvez observado pessoalmente, em mais de uma circunstância. Além disso, as experiências feitas nos domínios do magnetismo testemunham igualmente que, em certos casos psicológicos determinados, um experimentador pode atuar sobre um indivíduo à distância, não só de alguns metros, mas de vários quilômetros, e mesmo de mais de cem quilômetros, dependendo da sensibilidade e da lucidez do paciente, e, sem dúvida também, conforme a intensidade da vontade do magnetizador. Por outro lado ainda, o espaço não é o que pensamos ser. A distância de Paris a Londres é grande para um caminhante, e era mesmo intransponível antes da invenção dos navios: ela é nula para a eletricidade. A distância da Terra à Lua é grande para os nossos atuais meios de locomoção: é nula para a atração. De fato, do ponto de vista do absoluto, o espaço que nos separa de Sirius não é uma parcela maior do infinito do que a distância de Paris a Versalhes, ou do vosso olho direito ao vosso olho esquerdo.

Há ainda mais: a separação que nos parece existir entre a Terra e a Lua, ou entre a Terra e Marte, ou mesmo entre a Terra e Sirius, é apenas uma ilusão devida à insuficiência de nossas percepções. A Lua age constantemente sobre a Terra e a movimenta perpetuamente. A atração de Marte é igualmente sensível para o nosso planeta e, por nossa vez, interferimos no curso de Marte, ao sofrermos a influência da Lua. Nós atuamos sobre o próprio Sol, e o fazemos mover-se como se nele tocássemos. Em virtude da atração, a Lua faz a Terra girar mensalmente em torno de seu centro comum de gravidade, ponto que viaja a 1.700 quilômetros abaixo da superfície do globo; a Terra faz o Sol girar anualmente em torno de seu centro comum de gravidade, situado a 456 quilômetros do centro solar; todos os mundos agem perpetuamente uns sobre os outros, de modo que não há isolamento, separação real entre eles. Em vez de ser um vazio separando os mundos uns de outros, o espaço é antes um elo de comunicação. Ora, se a atração estabelece assim uma comunicação real, perpétua, ativa e indiscutível, constatada pela precisão das observações astronômicas, entre a Terra e suas irmãs da imensidão, não vemos bem claramente com que direito pretensos positivistas poderiam declarar que nenhuma comunicação seja possível entre dois seres, mais ou menos afastados um do outro, seja na Terra, seja até em mundos diferentes.

Dois cérebros que vibram em uníssono, a vários quilômetros de distância, não podem ser movidos por uma mesma força psíquica? A emoção que parte de um cérebro não pode, através do éter, da mesma forma que a atração, atingir o cérebro que vibra a uma distância qualquer, assim como um som através de um aposento faz vibrar as cordas de um piano ou de um violino? Não esqueçamos que os cérebros são compostos de moléculas que não se tocam e se encontram em perpétua vibração.

E por que falar de cérebros? O pensamento, a vontade, a

força psíquica, qualquer que seja a sua natureza, não pode atuar, à distância, sobre um ser que lhe está ligado pelos laços simpáticos e indissolúveis do parentesco intelectual? Por acaso as palpitações de um coração não se transmitem subitamente ao coração que bate em uníssono com o nosso?

Devemos admitir, nos casos de aparição acima assinalados, que o espírito do morto tenha realmente assumido uma forma corpórea na proximidade do observador? Na maior parte dos casos, essa hipótese não parece necessária. Em nossos sonhos, supomos ver pessoas que, de modo nenhum, estão diante de nossos olhos, aliás, fechados. Vemo-las perfeitamente, assim como à luz do dia; falamos-lhes, ouvimo-las, conversamos com elas. Seguramente, não é nem a nossa retina, nem o nosso nervo óptico que as vê, como também não é o nosso ouvido que as ouve. Apenas nossas células cerebrais estão em ação.

Certas aparições podem ser objetivas, exteriores, substanciais; outras podem ser interiores: neste caso, o ser que se manifesta agiria à distância sobre o ser que vê, e essa influência sobre o seu cérebro determinaria a visão interior, a qual parece exterior, como nos sonhos, mas pode ser meramente subjetiva sem por isso ser quimérica e ilusória.

Os estudos experimentais realizados recentemente sobre os fenômenos de sugestão, de hipnotismo e de sonambulismo colocam-nos no caminho, se não da explicação, ao menos da admissão racional de certo número de tais fatos. Existe aí, sem dúvida, a ação de um espírito sobre outro. Por certo, a alma não se transporta, assumindo realmente o aspecto de uma pessoa vestida por alfaiate ou costureira, nem existe diante do indivíduo que vê um ser vestido de casaco mais ou menos amplo, de vestido ou mantô, enfarpelado de diversos acessórios do vestuário masculino ou feminino, munido de bengala ou guarda-chuva, etc. Mas, pode ser que o espírito que deve aparecer aja diretamente sobre o outro e o impressiona de tal modo que este acredita ver, ouvir, até tocar uma pessoa que se apresenta exatamente sob a forma conhecida pelo outro.

Do mesmo modo que um pensamento ou uma lembrança desperta em nosso espírito uma imagem que pode ser muito evidente e viva, assim também um ser, atuando sobre outro, pode fazer aparecer neste uma imagem que lhe dará por um momento a ilusão da realidade. Obtemos, agora, experimentalmente, esses fatos nos estudos de hipnotismo e de sugestão, estudos que ainda são incipientes, e que, entretanto, dão resultados certamente dignos da maior atenção, tanto do ponto de vista psicológico, quanto do ponto de vista fisiológico. Não é a retina que recebe a impressão de uma realidade efetiva; são as camadas ópticas do cérebro que são excitadas por uma força psíquica. É o próprio ser mental que recebe a impressão. De que maneira? Nós o ignoramos.

Tais parecem ser as mais racionais induções que podem ser extraídas dos fenômenos da classe daqueles que estamos tratando, fenômenos ainda sem explicação, mas muito antigos, pois a história de todos os povos, desde a mais alta Antiguidade, tem conservado exemplos que seria difícil negar ou apagar.

Mas como – poderão dizer – devemos, podemos, em nosso século do método experimental e da ciência positiva, admitir que um moribundo, ou mesmo um morto, possa comunicar-se?

O que é um morto?

Morre uma criatura humana a cada segundo, sobre toda a superfície do globo terrestre, isto é, cerca de 86.400 por dia, ou cerca de 31 milhões por ano, ou mais de três bilhões por século. Em dez séculos, mais de 30 bilhões de cadáveres foram entregues à terra e devolvidos à circulação geral na forma de produtos diversos, água, gás, etc. Se levarmos em conta a diminuição da população humana, à medida que remontarmos às idades históricas, veremos que, em dez mil anos, ***duzentos bilhões de corpos humanos, no mínimo, foram formados da terra e da atmosfera, pela respiração e pela alimentação, e para ela voltaram.*** As moléculas de oxigênio, de hidrogênio, de gás ácido carbônico e de nitrogênio que constituíram esses corpos adubaram a terra, e foram devolvidas à circulação atmosférica.

Sim, a Terra em que habitamos é hoje formada em parte por esses bilhões de cérebros que pensaram, por esses bilhões de organismos que viveram. Caminhamos sobre nossos ancestrais assim como os que virão depois caminharão sobre nós. As frontes dos pensadores; os olhos que contemplaram, que sorriram, que choraram; os corações que amaram e sofreram;

as bocas que cantaram o amor; os lábios rosados e os seios marmóreos; as entranhas das mães; os braços dos trabalhadores; os músculos dos guerreiros; o sangue dos vencidos; as crianças e os anciãos; os bons e os maus; os ricos e os pobres; tudo o que viveu, tudo o que pensou, jaz na mesma terra. Seria difícil hoje dar um único passo no planeta sem pisar no despojo dos mortos; seria difícil comer e beber sem reabsorver o que já foi comido e bebido milhares de vezes; seria difícil respirar sem incorporar o hálito dos mortos. Os elementos constitutivos dos corpos, sorvidos da natureza, à natureza voltaram, e cada um de nós traz em si átomos que precedentemente pertenceram a outros corpos.

Pois bem! Pensais que a humanidade toda seja isso? Pensais que ela não tenha deixado nada mais nobre, mais grandioso, mais espiritual? Cada um, ao exalar o último suspiro, só dará ao universo sessenta ou oitenta quilos de carne e osso, que vão se desagregar e reverter aos elementos? Não permanece a alma que nos anima, da mesma forma como permanece cada molécula de oxigênio, de nitrogênio ou de ferro? E não continuam a existir todas as almas que viveram?

Não temos nenhum direito de afirmar que o homem seja unicamente composto de elementos materiais e que a faculdade de pensar não seja mais do que uma propriedade da organização. Temos, ao contrário, as mais íntimas razões para admitirmos que a alma é uma entidade individual, e que é ela quem rege as moléculas para organizar a forma viva do corpo humano.

A serenidade luminosa e quase sorridente do rosto do ser humano que acaba de morrer, serenidade que substitui como um lampejo de calma felicidade as angústias da agonia, não indicará que, nessa hora suprema, a última impressão da alma, no momento da separação, foi uma impressão de luz, como uma visão de liberação?

O que acontece com as moléculas invisíveis e intangíveis que compuseram nosso corpo durante a vida? Elas vão pertencer a novos corpos. O que acontece com as almas igualmente invisíveis e intangíveis? Podemos pensar que elas se reencarnam, também, em novos organismos, cada uma de acordo com a sua natureza, as suas faculdades, o seu destino.

A alma pertence ao mundo psíquico. Certamente, há na Terra uma quantidade inumerável de almas ainda pesadas, grosseiras, apenas desligadas da matéria, incapazes de conceber as realidades intelectuais. Mas há outras que vivem no estudo, na contemplação, na investigação do mundo psíquico ou espiritual. Essas podem não permanecer aprisionadas na Terra, e o seu destino é viver da vida uraniana.

A alma uraniana vive, mesmo durante suas encarnações terrestres, no mundo do absoluto e do divino. Ela sabe que, mesmo habitando na Terra, em realidade ela está no céu, e que o nosso planeta é um astro do céu.

Qual é a natureza íntima da alma, quais são os seus modos de manifestação quando sua memória torna-se permanente e mantém com certeza a identidade consciente, sob que diversidade de formas e de substâncias ela pode viver, que extensão de espaço pode transpor, qual é o grau de parentesco intelectual que existe entre os diferentes planetas de um mesmo sistema, qual é a força germinadora que semeia os mundos, quando nós poderemos nos comunicar com as pátrias vizinhas, quando penetraremos o segredo profundo dos destinos? Mistério e ignorância hoje. ***Mas o desconhecido de ontem é a verdade de amanhã.***

Fato de ordem histórica e científica, absolutamente incontestável: em todos os séculos, em todos os povos e sob as mais diversas aparências religiosas, a ideia de imortalidade repousa invulnerável no recôndito da consciência humana. A educação deu-lhe mil formas, mas não a inventou. Essa ideia desarraigável existe por si mesma. Todo ser humano, ao vir ao mundo, traz consigo, de maneira mais ou menos vaga, esse sentimento íntimo, esse desejo, essa esperança.

Capítulo II

Iter extaticum cœleste

As horas e os dias que eu consagrava ao estudo dessas questões de psicologia e de telepatia não me impediam de observar Marte, ao telescópio, e de traçar desenhos geográficos, sempre que nossa atmosfera, tão frequentemente nebulosa, desejava me permitir. Aliás, podemos reconhecer que não apenas todas as questões se relacionam, no estudo da natureza e nas ciências, mas também que a astronomia e a psicologia estão indissoluvelmente conectadas, tendo em vista que o universo psíquico tem por habitat o universo material; que a astronomia tem por objeto o estudo das regiões da vida eterna, e que não poderíamos ter a menor ideia dessas regiões se não as conhecêssemos astronomicamente. Quer o saibamos ou não, de fato, presentemente nós habitamos uma região do céu, e todos os seres, quaisquer que sejam, são eternamente cidadãos celestes. Não foi sem secreta adivinhação das coisas que a Antiguidade fez de URÂNIA a musa de todas as ciências.

O meu pensamento estivera, pois, longamente ocupado com o nosso vizinho, o planeta Marte, quando, um dia, em um passeio solitário à beira de um bosque, após algumas quentes horas de julho, tendo-me sentado perto de um grupo de carvalhos, não tardei em adormecer.

O calor estava sufocante; a paisagem silenciosa; o Sena parecia parado, como um canal no fundo do vale. Fiquei estranhamente surpreendido, ao despertar após um momento de sonolência, por não mais reconhecer a paisagem, nem as árvores próximas, nem o rio que corria ao pé da colina, nem o prado ondulado que ia se perder ao longe no horizonte. O Sol se punha, menor do que habitualmente o vemos. O ar agitava-se em ruídos harmoniosos, desconhecidos da Terra, e insetos grandes como pássaros esvoaçavam em árvores sem folhas, cobertas de gigantescas flores vermelhas. Levantei-me, impelido pela admiração, como por uma mola, e de um salto tão enérgico que me achei subitamente em pé, sentindo-me com extraordinária leveza. Tinha dado apenas alguns passos, quando mais da metade do peso de meu corpo pareceu ter-se evaporado durante o sono. Essa íntima sensação me impressionou mais profundamente ainda do que a metamorfose da natureza descortinada diante de meus olhos.

Mal acreditava em meus olhos e em meus sentidos. Além disso, eu não mais tinha, absolutamente, os mesmos olhos, não mais ouvia da mesma maneira e percebi, desde os primeiros instantes, que o meu organismo estava dotado de vários sentidos novos, completamente diferentes dos da nossa harpa terrestre, notadamente de um sentido magnético, pelo qual se pode entrar em comunicação, sem que fosse necessário traduzir os pensamentos por palavras audíveis. Esse sentido recorda o da agulha imantada que, do fundo de um porão do Observatório de Paris, vibra e estremece quando uma aurora boreal se ilumina na Sibéria, ou quando rompe no Sol uma explosão elétrica.

O astro do dia acabava de apagar-se em um lago longínquo, e os róseos clarões do crepúsculo pairavam no fundo dos céus como um derradeiro sonho da luz. Duas luas brilharam em diversas alturas, a primeira em forma de crescente, por cima do lago em cujo seio o Sol desaparecera; a segunda no seu primeiro quarto, muito mais elevada no céu e do lado do Oriente. Eram muito pequenas e não lembravam senão de longe o imenso facho das noites terrestres. Era como se, relutantemente, dessem a sua viva, mas fraca luz. Eu as contemplava alternadamente, com estupefação. O mais extraordinário, talvez, em toda a estranheza desse espetáculo, era que a lua ocidental, cerca de três vezes maior do que a sua companheira do

Oriente, sendo cinco vezes menor do que a nossa Lua terrestre, caminhava no céu com um movimento muito fácil de seguir com a vista e parecia correr rapidamente, da direita para a esquerda, a fim de alcançar no Oriente a sua irmã celeste.

Notava-se ainda, nas últimas claridades do ocaso que se desvanecia, uma terceira lua, ou, melhor dizendo, uma brilhante estrela. Menor do que o menor dos dois satélites, não apresentava disco sensível; mas sua luz era chamejante. Planava no céu da noite como Vênus em nosso firmamento, quando, nos dias de seu mais esplêndido brilho, a "estrela do pastor" reina soberana nas indolentes noites da primavera de doces sonhos.

Já surgiam nos céus as mais brilhantes estrelas; reconhecia-se Arcturo, de raios de ouro; Vega, tão alva e tão pura; os sete astros do Setentrião e várias constelações zodiacais. A estrela vespertina, o novo Vésper, resplandecia então na constelação de Peixes. Depois de ter estudado durante alguns instantes a sua posição no céu, de me ter orientado conforme as constelações, de ter examinado os dois satélites e refletido sobre a leveza do meu próprio peso, não tardei em me convencer de que me encontrava no planeta Marte e de que aquela sedutora estrela da tarde era... a Terra.

❁ ❁ ❁

Meus olhos detiveram-se nela, impregnados daquele melancólico sentimento de amor que cerra as fibras de nosso coração, quando o pensamento voa para um ente querido do qual nos separa cruel distância; contemplei longamente essa pátria onde tantos sentimentos diversos se misturam e se chocam nas flutuações da vida, e pensei: "Como é lamentável que as inúmeras criaturas que habitam este pequeno planeta não saibam onde estão! É encantadora esta minúscula Terra, assim iluminada pelo Sol, com sua Lua, mais microscópica ainda, que parece um ponto ao seu lado. Levada ao invisível pelas divinas leis da atração, átomo flutuante na imensa harmonia dos céus, ela ocupa o seu lugar e plana lá em cima, como uma ilha angélica. Os seus habitantes, porém, o ignoram. Singular humanidade! Ela encontrou a Terra demasiado vasta, dividiu-se em rebanhos e passa o tempo matando-se reciprocamente. Há nessa ilha celeste tantos soldados quantos habitantes! Eles se armaram uns contra os outros, quando teria sido tão simples viver tranquilamente, e acham glorioso mudar, de tempos em tempos, os nomes dos países e as cores das bandeiras. Essa é a preocupação favorita das nações e o ensinamento primordial dos cidadãos. Fora disso, empregam sua existência em adorar a matéria. Não apreciam o valor intelectual, ficam indiferentes aos mais maravilhosos problemas da Criação e vivem sem objetivo. Que lástima! Um habitante de Paris, que jamais tivesse ouvido pronunciar o nome dessa cidade, nem o da França, não seria mais estrangeiro do que eles em sua própria pátria. Ah! Se pudessem ver a Terra daqui, com que prazer para ela regressariam, e como seriam transformadas as suas ideias gerais e particulares! Então conheceriam, ao menos, o país em que habitam; seria um começo; estudariam progressivamente as realidades sublimes que os cercam, em vez de vegetar sob uma névoa sem horizonte, e em breve viveriam a verdadeira vida, a vida intelectual!".

❁ ❁ ❁

– Que honra ele lhe faz! Acreditar-se-ia realmente que ele deixou amigos naquela prisão!

Eu não falara. Mas ouvi bem distintamente essa frase, que parecia responder à minha íntima conversa. Dois habitantes de Marte olhavam para mim, e me haviam compreendido, em virtude do sexto sentido de percepção magnética do qual tratei anteriormente. Fiquei um tanto surpreso e, confesso, sensivelmente ofendido com a apóstrofe:

– Afinal – pensei eu –, amo a Terra, é meu país, e tenho patriotismo!

Desta vez os meus dois vizinhos riram ao mesmo tempo.

– Sim – respondeu um deles com inesperada bondade –, tendes patriotismo. Bem se vê que chegais da Terra.

E o mais idoso acrescentou:

– Deixai para lá os vossos compatriotas; nunca serão nem mais inteligentes, nem menos cegos do que hoje. Há oitocentos mil anos que lá vivem. E, até vós o confessais, não são ainda capazes de pensar. Sois realmente admirável em olhar a Terra com olhos tão enternecidos. É demasiada ingenuidade.

Já não encontrastes, caro leitor, às vezes, em vossa passagem, um desses homens impregnados de imperturbável orgulho, que se julgam, sincera e inabalavelmente, acima de todo o resto do mundo? Quando esses altivos personagens se acham em presença de alguém superior, este se torna instantaneamente antipático: eles não o suportam. Pois bem! Durante o ditirambo precedente (e do qual, há pouco, tivestes apenas uma pálida tradução), eu me senti muito superior à humanidade terrestre, já que tinha compaixão dela, e invocava para ela melhores dias. Quando, porém, aqueles dois habitantes de Marte pareceram compadecer-se de mim, e julguei reconhecer neles uma fria superioridade sobre mim, tornei-me, então, por momentos, um desses ineptos orgulhosos; o meu sangue deu apenas uma volta e, contendo-me por um resto de polidez francesa, abri a boca para dizer:

– Afinal de contas, senhores, os habitantes da Terra não são tão estúpidos quanto parece que acreditais, e talvez valham mais do que os senhores.

Infelizmente, eles nem me deixaram iniciar a frase, visto que a tinham adivinhado enquanto ela se formava pela vibração das medulas do meu cérebro.

– Permiti que eu vos diga agora – disse o mais moço –, que o vosso planeta é um absoluto fracasso, em consequência de uma circunstância que data de uma dezena de milhões de anos. Foi no tempo do período primário da gênese terrestre. Já havia plantas, e até plantas admiráveis e, tanto no fundo dos mares, como também nas margens, apareciam os primeiros animais, os moluscos acéfalos, surdos, mudos e desprovidos de sexo. Sabeis que a respiração basta às árvores para a sua nutrição completa e que vossos mais robustos carvalhos, vossos cedros mais gigantescos, jamais comeram alguma coisa, o que não os impediu de crescer. Alimentam-se apenas pela respiração. O infortúnio, a fatalidade quis que um primeiro molusco tivesse o corpo atravessado por uma gota de água mais espessa do que o meio ambiente. Talvez ele a tenha julgado agradável. Foi essa a origem do primeiro tubo digestivo, que devia exercer sobre a animalidade inteira e, posteriormente, sobre a própria humanidade uma influência tão funesta. O primeiro assassino foi o molusco que comeu. Aqui não comemos, nunca comemos, jamais comeremos. A criação desenvolveu-se gradual, pacífica e nobremente, como ela começara. Os organismos alimentam-se, ou, melhor dizendo, renovam suas moléculas, por meio de mera respiração, como o fazem as vossas árvores terrestres, das quais cada folha é um pequeno estômago. Na vossa querida pátria, não podeis viver um só dia sem a condição de matar. Entre vós, a lei de vida é a lei de morte. Aqui, ninguém jamais teve a ideia de matar sequer um pássaro. Vós sois todos, mais ou menos, carniceiros. Tendes os braços cheios de sangue; os estômagos estão repletos de alimento. Como quereis, com organismos tão grosseiros quanto esses, possuir ideias sãs, puras, elevadas – até direi (perdoai-me a franqueza), ideias limpas? Que almas poderiam habitar semelhantes corpos? Refleti um momento, e não mais vos embaleis com cegas ilusões, demasiado ideais para tal mundo.

– Como! – exclamei, interrompendo-o –, vós nos recusais a possibilidade de termos ideias próprias? Tomais os humanos por animais? Homero, Platão, Fídias, Sêneca, Virgílio, Dante, Colombo, Bacon, Galileu, Pascal, Leonardo, Rafael, Mozart, Beethoven nunca tiveram qualquer aspiração elevada? Achais grosseiros e repelentes os nossos corpos; se tivésseis visto passar diante de vós Helena, Frineia, Aspásia, Safo, Cleópatra, Lucrécia Bórgia, Agnes Sorel, Diane de Poitiers, Marguerite de Valois, Borghese, Talien, Recamier, Georges e suas admiráveis rivais, pensaríeis talvez de modo diferente. Ah, meu caro marciano! Por minha vez, permiti-me lamentar que vós só conheçais a Terra de longe.

– É aí que vos enganais; residi durante cinquenta anos nesse mundo. Foi o suficiente, e asseguro-vos que lá não mais voltarei. Tudo ali é um fracasso, até... o que vos parece mais encantador. Imaginais que em todas as terras do céu as flores produzam os frutos do mesmo modo? Não seria isso um pouco cruel? Quanto a mim, prefiro as primaveras e os botões de rosa.

– Pois bem – repliquei –, entretanto, e apesar de tudo, há grandes mentes na Terra e, realmente, criaturas admiráveis. Não podemos alimentar a esperança de que a beleza física e moral irá se aperfeiçoar cada vez mais, como o fez até agora, e que as inteligências se esclarecerão progressivamente? Não passamos o tempo todo a comer. Os homens, apesar dos seus trabalhos materiais, acabarão por consagrar, todos os dias, algumas horas ao desenvolvimento de sua inteligência. Então, sem dúvida, não continuarão mais fabricando pequenos deuses à sua imagem, e quem sabe, também, suprimirão suas pueris fronteiras para deixar reinar a harmonia e a fraternidade.

– Não, meu amigo, pois, se o quisessem, começariam hoje. Ora, eles o evitam. O homem terreno é um animalzinho que, por um lado, não sente a necessidade de pensar, nem mesmo tendo a independência da alma, e que, por outro lado, gosta de lutar e que estabelece francamente o direito no poder. Tal é o seu prazer e a sua natureza. Jamais conseguireis fazer com que um espinheiro produza pêssegos. O planeta terrestre ainda não saiu do estado de barbárie. Ainda não encontrastes nada melhor do que o absurdo inepto do duelo para resolver uma questão de honra. As instituições sociais são estabelecidas sobre o direito do mais forte e sobre a quantidade brutal. A região mais civilizada da Terra é a Europa: todos os seus cidadãos são educados no culto do assassinato internacional, e impostos ultrajantes atiram (eu o vejo na vossa mente) seis bilhões por ano, mais de dezesseis milhões por dia nas casernas improdutivas. A guerra perpétua é a alegria imbecil dos pequenos, e o melhor meio de dominação para os grandes. Se os cidadãos, a qualquer país que pertençam, tivessem o bom senso de se rebelarem, todos, sem exceção, contra o serviço militar, mereceriam o título de homens razoáveis. Eles não querem isso, porque amam a escravidão, e o estado de mediocridade de seu planeta é ainda muito requintado para a besta humana.

– Bem – objetei –, imagino que por isso não estejamos condenados à impenitência final. Dia virá, talvez daqui a cem mil anos, em que a humanidade, atingindo a idade da razão, não formará mais do que uma única família, falando a mesma língua, e em que os sentimentos de patriotismo, que a dividem ainda por muito tempo, cederão o lugar ao sentimento único, geral, absoluto, da solidariedade humana. Então somente o planeta será transformado e viverá intelectualmente.

– Jamais – retomou um dos marcianos –, jamais vosso medíocre planeta atingirá a perfeição do nosso. Sois muito rudes. Imaginai, também, que as mais deliciosas belezas terrestres, a que aludias há pouco, são apenas monstros grosseiros ao lado das nossas aéreas mulheres de Marte, que vivem do ar de nossas primaveras, dos perfumes de nossas flores, e são tão voluptuosas, apenas na oscilação de suas asas, no ideal beijo de uma boca que jamais comeu: que, se a Beatriz de Dante tivesse sido de tal natureza, jamais o imortal florentino poderia ter escrito dois cantos de sua ***Divina Comedia***; teria começado pelo Paraíso e daí não teria nunca descido. Pensai que os nossos adolescentes possuem tanta ciência inata quanto Pitágoras, Arquimedes, Euclides, Kepler, Newton, Laplace e Darwin após todos os seus laboriosos estudos: nossos doze sentidos nos põem em contato direto com o Universo; sentimos daqui, a cem milhões de léguas, a atração de Júpiter que passa; vemos a olho nu os anéis de Saturno; adivinhamos a chegada de um cometa, e o nosso corpo está impregnado da eletricidade solar que põe em vibração toda a natureza. Aqui, nunca houve fanatismo religioso, nem carrascos, nem mártires, nem divisões internacionais, nem guerras; mas, desde os seus primeiros dias, a humanidade, naturalmente pacífica e livre de toda a necessidade material, tem vivido independente de corpo e de espírito, em constante atividade intelectual, elevando-se sem parar no conhecimento da verdade. Mas, vinde até aqui.

Dei alguns passos com os meus interlocutores no cimo da montanha e, chegando à vista da outra vertente, distingui uma infinidade de luzes de diversas nuances voltejando nos ares. Eram os habitantes que, à noite, se tornam luminosos, quando assim o desejam. Carros aéreos, parecendo formados de flores fosforescentes, conduziam orquestras e coros; um deles passou perto de nós, e tomamos lugar no meio de uma nuvem de perfumes. As sensações que eu experimentava eram singularmente diferentes de todas aquelas que eu havia provado na Terra, e essa primeira noite em Marte passou como um breve sonho, pois, à aurora, eu me encontrava ainda no carro aéreo, discorrendo com os meus interlocutores, com os seus amigos e suas indefiníveis companheiras. Que panorama ao nascer do Sol! Flores, frutos, perfumes e palácios feéricos erguiam-se nas ilhas de vegetação alaranjada; as águas estendiam-se em límpidos espelhos, e alegres casais aéreos desciam turbilhonando para aquelas encantadoras margens. Ali, todos os trabalhos materiais são realizados por máquinas e dirigidos por algumas raças animais aperfeiçoadas, cuja inteligência é quase da mesma ordem que a dos humanos da Terra. Os habitantes vivem apenas pelo espírito e para o espírito; seu sistema nervoso chegou a tal grau de desenvolvimento, que cada um daqueles seres, ao mesmo tempo muito delicado e forte, parece um aparelho elétrico, e as suas mais sensuais impressões, bem mais sentidas por suas almas do que pelos corpos, superam, em cem vezes, todas aquelas que os nossos cinco sentidos terrenos reunidos jamais podem nos oferecer... Uma espécie de palácio de verão, iluminado pelos raios do sol nascente, abria-se abaixo da nossa gôndola aérea. A minha vizinha, cujas asas palpitavam de impaciência, pousou o delicado pé em um tufo de flores que se erguia entre dois jatos de perfumes.

– Voltarás tu à Terra? – perguntou estendendo-me os braços.

– Jamais! – exclamei... E precipitei-me para ela.

❁ ❁ ❁

Mas, ao mesmo tempo, eu me encontrei solitário, perto do meu bosque, na vertente da colina aos pés da qual serpenteava o Sena em ondulosas curvas.

– *Jamais*!... – repeti, procurando recuperar o doce sonho desvanecido. Onde estava eu? Era tão belo!

O sol acabava de se pôr, e já o planeta Marte, então muito brilhante, piscou no céu.

– Ah! – exclamei , atravessado por fugitivo lampejo –, eu estava lá!

Embalados pela mesma atração, os dois planetas vizinhos miravam-se através do espaço transparente. Não teríamos, nessa fraternidade celeste, uma primeira imagem da viagem eterna? A Terra não está mais sozinha no mundo. Começam a se abrir os panoramas do infinito. Quer habitemos aqui ou ao lado, somos, não cidadãos de um país ou de um mundo, mas, na realidade, CIDADÃOS DO CÉU.

Capítulo III

O planeta Marte. A aparição de Spero. As comunicações psíquicas. Os habitantes de Marte

Tinha eu sido joguete de um sonho?

O meu espírito se transportara realmente ao planeta Marte, ou fora vítima de uma ilusão totalmente imaginária?

O sentimento da realidade tinha sido tão vivo, tão intenso, e as coisas que eu vira se achavam tão perfeitamente de acordo com as noções científicas que já possuímos sobre a natureza física do mundo marciano, que eu não podia aceitar uma dúvida a esse respeito, ao mesmo tempo em que continuava estupefato com aquela viagem extática, e fazendo-me mil perguntas contraditórias.

A ausência de Spero em toda essa visão intrigava-me um pouco. Continuava a sentir-me tão intimamente ligado à sua querida lembrança, que me parecia que eu deveria ter adivinhado a sua presença, voar diretamente para ele, vê-lo, falar-lhe, ouvi-lo. Mas o próprio magnetizado de Nancy não fora joguete da sua própria imaginação, ou da minha, ou da do experimentador? Por outro lado, admitindo até que os meus dois amigos tivessem realmente reencarnado naquele planeta vizinho, eu respondia, a mim mesmo, que pessoas podem perfeitamente não se encontrar, percorrendo a mesma cidade, e, com muito maior razão, um mundo. E, todavia, não era certamente o cálculo das probabilidades que eu deveria invocar para o caso, pois um sentimento de atração, tal como o que nos ligava, devia modificar o acaso dos encontros e lançar na balança um elemento que predominasse sobre todo o resto.

Enquanto esses pensamentos passavam pela minha mente, voltei ao meu observatório de Juvisy, onde preparara algumas baterias elétricas para uma experiência de óptica, em correspondência com a torre de Montlhéry. Quando me certifiquei de que tudo estava bem em ordem, encarreguei meu ajudante do cuidado de fazer os sinais convencionados, das dez às onze horas, e fui para a velha torre, na qual me instalei uma hora depois. Caíra a noite. Do alto do antigo torreão, o horizonte é perfeitamente circular, e inteiramente visível em toda a sua circunferência, que se estende por um raio de 20 a 25 quilômetros ao redor daquele ponto central. Um terceiro posto de observação, situado em Paris, estava em comunicação conosco. O objetivo da experiência era saber se os raios de diversas cores do espectro luminoso viajam todos com a mesma velocidade de trezentos mil quilômetros por segundo. O resultado foi afirmativo.

Como as experiências foram concluídas em torno das onze horas, como a noite estrelada estivesse maravilhosa e a Lua começasse a nascer, logo que coloquei os aparelhos ao abrigo, no interior da torre, subi para a plataforma superior, a fim de contemplar a imensa paisagem iluminada pelos primeiros raios da lua nascente. A atmosfera estava serena, tépida, quase quente.

Mas meu pé ainda estava no último degrau, quando estaquei, petrificado de espanto, soltando um grito que pareceu imobilizar-se em minha garganta. Spero, sim, o próprio Spero estava ali, diante de mim, sentado no parapeito. Ergui os braços para o céu, e me senti prestes a desmaiar; mas ele me disse, com a sua voz extremamente meiga, que eu tão bem conhecia:

– Por acaso te causo medo?

Não tive forças nem para responder, nem para avançar. No entanto, ousei olhar para o meu amigo, que sorria. O seu querido semblante, iluminado pelo luar, conservava-se tal como eu o havia visto quando de sua partida de Paris para Kristiania, jovem, agradável, pensativo, com um olhar muito brilhante. Deixei o último degrau e tive o impulso íntimo de precipitar-me para ele, a fim de abraçá-lo. Mas não ousei, e mantive-me à sua frente, contemplando-o.

Tinha recuperado o uso dos sentidos.

– Spero!... És tu! – exclamei.

– Estava aqui durante a tua experiência – respondeu ele –, e fui eu mesmo quem te inspirou a ideia de comparar o ultravioleta ao infravermelho, para a velocidade das ondas luminosas. Unicamente eu estava invisível, tanto como os raios ultravioletas.

– Vejamos! É possível? Deixa-me olhar para ti, tocar-te.

Passei as mãos pelo seu rosto, seu corpo, seus cabelos, e tive absolutamente a mesma impressão que teria se eu tocasse um corpo vivo. A minha razão se recusava a admitir o testemunho dos meus olhos, das minhas mãos e do meu ouvido e, no entanto, eu não podia duvidar de que fosse ele. Não há sósia igual. E, depois, minhas dúvidas teriam desaparecido desde as suas primeiras palavras, pois ele logo acrescentou:

– O meu corpo, neste momento, está dormindo em Marte.

– Assim – disse eu –, tu continuas a existir, continuas a viver... e conheces, finalmente, a resposta ao grande problema que tanto te atormentou... E Iclea?

– Vamos conversar – replicou ele. – Tenho muitas coisas a te dizer.

Sentei-me a seu lado, na borda do largo parapeito que domina a velha torre, e eis o que ouvi:

Algum tempo depois do acidente do lago de Tyrifjorden, sentira-se como que despertando do que parecia um longo e profundo sono. Achava-se sozinho, na escuridão da noite, às margens de um lago; sentia-se vivo, mas não podia se ver, nem tocar-se. O ar não o atingia. Não estava apenas leve, mas também imponderável. O que lhe parecia subsistir de si era somente a faculdade de pensar.

A sua primeira ideia, reunindo suas recordações, foi que despertava da queda no lago norueguês. Mas, quando o dia chegou, percebeu que se encontrava em outro mundo. As duas luas que giravam rapidamente no céu, em direções opostas, fizeram no pensar que estava em nosso vizinho, o planeta Marte, e outras provas não tardaram a convencê-lo de que era esse o caso.

Permaneceu ali algum tempo como um espírito; reconheceu a presença de habitantes muito elegantes, entre os quais o sexo feminino reina soberano, com incontestável superioridade sobre o sexo masculino. Os organismos são leves e delicados; a densidade dos corpos é muito pequena, o peso menor ainda. Na superfície desse mundo, a força material desempenha apenas um papel secundário na natureza; a delicadeza das sensações é o poder determinante. Há ali grande quantidade de espécies de animais e várias raças humanas. Em todas essas espécies e em todas essas raças, o sexo feminino é mais belo e mais forte (consistindo a força na superioridade das sensações) do que o masculino, e é ele quem rege o mundo.

Seu grande desejo de conhecer a vida que tinha diante de si, decidiu-o a não se conservar por muito tempo em estado de espírito contemplador, mas a renascer sob uma forma corporal humana e, tendo em vista a condição orgânica daquele planeta, sob a forma feminina.

Entre as almas terrenas flutuantes na atmosfera de Marte, já tinha ele encontrado (pois as almas sentem a presença da outra) a de Iclea, que ele seguira, guiado por uma atração constante. Ela, por seu lado, sentira-se levada para uma encarnação masculina.

Estavam assim ambos reunidos, em uma das mais privilegiadas regiões desse mundo, vizinhos e predestinados a se reencontrarem na vida e a partilharem as mesmas emoções, os mesmos pensamentos, as mesmas obras. Assim, embora a memória de sua existência terrena se mantivesse velada e quase apagada pela nova transformação, um vago sentimento de parentesco espiritual e um simpático apego imediato os haviam reunido logo que se tinham avistado. A superioridade psíquica, a natureza dos seus pensamentos habituais, o estado de espírito acostumado a procurar os fins e as causas, haviam dado a ambos uma espécie de clarividência íntima que os liberava da geral ignorância dos seus próximos. Tinham-se amado tão repentinamente, haviam sentido tão passivamente a influência magnética do amor à primeira vista de seu reencontro, que logo formaram um mesmo e único ente, unidos como no momento da separação terrestre. Lembravam-se de já se terem encontrado, estavam convencidos de que fora na Terra, nesse planeta vizinho que à noite resplandece com tão viva claridade no céu de Marte, e por vezes, em seus voos solitários por sobre as colinas povoadas de plantas aéreas, contemplavam a "estrela vespertina", procurando reatar o fio partido de uma tradição interrompida.

Um inesperado acontecimento veio explicar suas reminiscências e provar-lhes que não se enganavam.

Os habitantes de Marte são muito superiores aos da Terra, pela sua organização, pela quantidade e pela fineza de seus sentidos e, também, pelas faculdades intelectuais.

O fato de a densidade ser muito baixa na superfície daquele mundo, e porque as substâncias constitutivas dos corpos serem menos pesadas lá do que aqui, permitiu a formação de seres incomparavelmente menos pesados, mais aéreos, mais delicados, mais sensíveis. O fato de a atmosfera ser nutritiva livrou os organismos marcianos das grosserias das necessidades terrestres. É um estado completamente diferente. A luz ali é menos intensa, porque o planeta é mais afastado do Sol do que a Terra e o nervo óptico é mais sensível. Como ali as influências elétricas e magnéticas são muito intensas, os habitantes possuem sentidos desconhecidos pelos organismos terrestres, sentidos que os põem em comunicação com essas influências. Tudo está contido na natureza. Em toda parte, os seres estão adaptados aos ambientes em que habitam e em cujo seio eles nasceram. Os organismos não podem mais ser terrestres em Marte, assim como eles não podem ser aéreos no fundo do mar.

Além disso, o estado de superioridade preparado por essa ordem de coisas evoluiu por si mesmo, devido à facilidade da realização de todo o trabalho intelectual. A natureza parece obedecer ao pensamento. O arquiteto que quer construir um edifício e o engenheiro que deseja modificar a superfície do solo quer se trate de escavar ou erguer, de aplainar montanhas ou de aterrar vales, não se deparam, como aqui, com o peso dos materiais e com as dificuldades da execução. Assim, desde a origem, a arte fez os mais rápidos progressos.

Ademais, ainda, como a humanidade marciana é anterior à humanidade terrestre, várias centenas de milhares de anos, ela percorreu anteriormente a esta todas as fases do seu desenvolvimento. Nossos mais transcendentes progressos científicos atuais não passam de pueris brincadeiras de criança, comparados à ciência dos habitantes daquele planeta.

Em astronomia, particularmente, eles estão mais adiantados que nós e conhecem muito melhor a Terra do que nós conhecemos sua pátria.

Eles inventaram, entre outras coisas, uma espécie de aparelho telefotográfico, no qual um rolo de tecido recebe perpetuamente, ao se desenrolar, a imagem do nosso mundo e a fixa inalteravelmente. Um imenso museu, consagrado especialmente aos planetas do sistema solar, conserva em ordem cronológica todas essas imagens fotográficas fixadas para sempre. Encontramos ali toda a história da Terra; a França do tempo de Carlos Magno, a Grécia do tempo de Alexandre, o Egito do tempo de Ramsés. Microscópios permitem até ali reconhecer os pormenores históricos, tais como Paris durante a Revolução Francesa, Roma sob o pontificado de Bórgia; a frota espanhola de Cristóvão Colombo chegando à América; os francos de Clóvis tomando posse da Gália; o exército de Júlio César detido na conquista da Inglaterra, pela maré que lhe levou os navios; as tropas do Rei David, fundador dos exércitos permanentes; assim como a maior parte das cenas históricas, reconhecíveis por certos caracteres especiais.

Um dia em que os dois amigos visitavam esse museu, suas recordações, vagas até então, iluminaram-se como uma paisagem noturna atravessada por um relâmpago. Repentinamente, ***reconheceram*** o aspecto de Paris durante a Exposição de 1867. Suas lembranças tomaram forma definitiva. Cada um deles sentiu, separadamente, que tinha vivido ali, e, sob essa impressão tão viva, foram logo dominados pela certeza de ali terem vivido juntos. Sua memória avivou-se gradualmente, não mais por lampejos intermitentes, mas, antes, como à luz crescente do início da aurora.

Eles lembraram-se então, como por inspiração, das palavras do Evangelho: "Há muitas moradas na casa do Pai". E aquelas outras palavras de Jesus a Nicodemos: "Em verdade vos digo, aquele que não nascer de novo, não verá o reino de Deus... Cumpre que nasçais novamente".

A partir desse dia, não mais conservaram nenhuma dúvida sobre a sua anterior existência terrestre e ficaram intimamente convencidos de que continuavam, no planeta Marte, a sua vida precedente. Pertenciam ao ciclo das grandes mentes de todos os séculos, as quais sabem que o destino não se cumpre no mundo atual, e continua no céu – e que sabem também que cada planeta, Terra, Marte, ou qualquer outro, é um astro do céu.

O fato assaz singular da mudança de sexo, que me parecia ter certa importância, ao que parece, não tinha nenhuma. Contrariamente ao que é admitido entre nós, contou-me que as almas são assexuadas e têm um destino igual. Aprendi também que naquele planeta, menos material do que o nosso, o organismo em nada se assemelha ao dos nossos corpos terrestres. As concepções e os nascimentos efetuam-se ali de um modo completamente diverso, que lembra, mas sob uma forma espiritual, a fecundação e o florescimento das flores. O prazer é sem amargura. Não se conhecem lá os pesados fardos terrestres, nem os dilaceramentos da dor. Tudo é mais aéreo, mais etéreo, mais imaterial. Os marcianos poderiam ser chamados de flores vivas, aladas e pensantes. Mas, de fato, nenhum ser terrestre pode servir de comparação para nos auxiliar a conceber sua forma e seu modo de existência.

Eu escutava o relato da alma defunta, quase sem a interromper, pois me parecia sempre que ela ia desaparecer, conforme tinha vindo. Entretanto, à lembrança do meu sonho, que voltara à minha mente devido à coincidência das precedentes descrições com o que eu tinha visto, não pude impedir-me de contar ao meu celeste amigo aquele sonho tão surpreendente, e de exprimir-lhe minha surpresa por não tê-lo visto naquela viagem a Marte –, o que me fazia duvidar da realidade de tal viagem.

– Mas – replicou ele –, eu te vi perfeitamente, e tu me viste também, e me falaste... Pois era eu...

A entonação da sua voz foi tão estranha, a essas últimas palavras, que nela reconheci, subitamente, a voz tão melodiosa daquela bela marciana que tanto me impressionara.

– Sim – prosseguiu ele –, era eu; procurava fazer com que tu me reconhecesses; mas, deslumbrado por um espetáculo que cativava teu espírito, não te desligavas das sensações terrestres; continuavas sensual e terrestre, e não conseguiste elevar-te à pura percepção. Sim, fui eu quem te estendeu os braços para te fazer descer do carro aéreo em nossa morada, quando subitamente despertaste.

– Mas então – exclamei –, se tu és aquela marciana, como me apareces aqui sob a forma de Spero, que não mais existe?

– Não é em tua retina nem em teu nervo óptico que atuo, – replicou ele –, mas em teu ser mental e em teu cérebro. Estou neste momento em comunicação contigo; influencio diretamente a sede cerebral da tua sensação. Na realidade, o meu ser mental é amorfo, é como o teu e como todas as almas. Mas quando me coloco, como neste momento, em relação direta com o teu pensamento, só me podes ver tal qual me conheceste. Acontece o mesmo durante o sonho, ou seja, durante mais da quarta parte da vossa vida terrestre – durante vinte a cada setenta anos – vós vedes, ouvis, falais, tocais com a mesma impressão, com a mesma nitidez, com a mesma segurança com que o fazeis durante a vida normal, entretanto vossos olhos estão fechados, vosso tímpano está insensível, vossa boca está muda, vossos braços estão estendidos sem movimento. O mesmo também ocorre nos estados de sonambulismo, de hipnotismo, de sugestão. Tu me vês, tu me ouves e me tocas por meio de teu cérebro influenciado. Mas, eu não existo sob a forma que tu me vês mais do que o arco-íris existe diante dos olhos de quem o contempla.

– Poderias, também, aparecer-me em tua forma marciana?

– Não, a menos que sejas realmente transportado em espírito àquele planeta. Seria um modo de comunicação totalmente diferente. Aqui, em nosso diálogo, tudo é subjetivo para ti. Os elementos da minha forma marciana não existem na atmosfera terrestre, e o teu cérebro não poderia imaginá-los. Tu poderias me rever apenas pela lembrança do teu sonho de hoje; mas, desde que procurasses analisar os pormenores, a imagem se esvairia. Tu não nos viste exatamente tal como nós somos, porque tua mente só pode julgar pelos olhos terrestres, que não são sensíveis para todas as radiações, e porque tu não possuis todos os nossos sentidos.

– Confesso – repliquei –, que não concebo muito bem vossa vida marciana no estado de criaturas de seis membros.

– Se essas formas não fossem tão elegantes, ter-te-iam parecido monstruosas. Cada mundo tem os seus organismos apropriados às suas condições de existência. Confesso-te, por minha vez, que, para os habitantes de Marte, o Apolo do Belvedere e a Vênus de Médicis são verdadeiras monstruosidades, devido à sua rudeza animal. Entre nós, tudo é de requintada delicadeza. Embora o nosso planeta seja muito menor do que o vosso, os seres ali são maiores do que aqui, pois a gravidade é menor e os organismos podem elevar-se mais alto sem serem impedidos pelo seu peso e sem colocarem em risco a estabilidade. São maiores e mais leves, porque os materiais constitutivos desse planeta têm uma densidade muito baixa. Aconteceu lá o que aconteceria na Terra, se a gravidade aqui não fosse tão intensa. As espécies aladas teriam dominado o mundo, em vez de se atrofiarem na impossibilidade de um desenvolvimento. Em Marte, o desenvolvimento orgânico se efetuou na série das espécies aladas. A humanidade marciana é, com efeito, uma raça de origem hexápode; mas, atualmente, ela é bípede, bímana, e o que se poderia chamar bialada, já que esses seres têm duas asas. O gênero de vida é inteiramente diverso da vida terrestre, primeiramente porque se vive tanto nos ares e nas plantas aéreas, quanto na superfície do solo; depois, porque ali não se come, pois a atmosfera é nutritiva. As paixões não são as mesmas. Lá o assassinato é desconhecido. Como a humanidade não possui necessidades materiais, ela jamais viveu, mesmo nas idades primitivas, na barbárie da rapina e da guerra. As ideias e os sentimentos são de uma ordem totalmente intelectual. Entretanto, encontram-se naquele planeta, senão semelhanças, ao menos analogias. Assim, há ali, como na Terra, uma sucessão de dias e de noites que não difere essencialmente do que existe aqui, sendo de 24 horas, 39 minutos e 35 segundos a duração do dia e da noite. Como há 668 desses dias no ano marciano, temos mais tempo do que vós para os nossos trabalhos, nossas pesquisas, nossos estudos e nossas diversões. As nossas estações são igualmente quase duas vezes mais longas do que as vossas, mas têm a mesma intensidade. Os climas não são muito diferentes; tal região de Marte, às margens do mar equatorial, difere menos do clima da França do que a Lapônia do da Núbia. Um habitante da Terra não se considera ali muito deslocado. A maior dessemelhança entre os dois mundos consiste certamente na grande superioridade da nossa humanidade sobre a vossa. Essa superioridade é devida, principalmente, aos progressos realizados pela ciência astronômica e à propagação universal, entre todos os habitantes do planeta, dessa ciência sem a qual é impossível pensar com acerto, sem a qual não se tem senão ideias falsas sobre a vida, sobre a criação, sobre os destinos. Somos muito favorecidos, tanto pela acuidade dos nossos sentidos, quanto pela pureza de nosso céu. Há muito menos água em Marte do que na Terra, e muito menos nuvens. Lá, o céu é quase constantemente belo, sobretudo na zona temperada.

– Todavia, tendes inundações frequentes.

– Sim, e muito recentemente ainda vossos telescópios registraram uma, bem extensa, ao longo das margens de um mar ao qual os teus colegas deram um nome que me será sempre querido, mesmo distante da Terra. A maioria das nossas costas são praias, planícies unidas. Possuímos poucas montanhas, e os mares não são profundos. Os habitantes se servem desses transbordamentos para irrigação dos vastos campos. Eles alteraram, alargaram, canalizaram os cursos de água e construíram nos continentes toda uma rede de imensos canais. Esses próprios continentes não são, como os do globo terrestre, eriçados de elevações alpinas ou himalaias, mas são ***planícies imensas***, atravessadas em todos os sentidos pelos rios canalizados e pelos canais que colocam em comunicação recíproca todos os mares. Outrora havia, relativamente ao volume do planeta, quase tanta água em Marte quanto na Terra. Insensivelmente, de século em século, uma parte da água das chuvas atravessou os profundos estratos do solo e não voltou à superfície. Combinou-se quimicamente com as rochas e foi excluída do curso da circulação atmosférica. De século em século, também, as chuvas, as neves, os ventos, as geadas do inverno, as secas do verão, desagregaram as montanhas e os cursos de água e, trazendo esses destroços para a bacia dos mares, gradualmente elevaram seu leito. Não mais possuímos grandes oceanos, nem mares profundos, mas unicamente mediterrâneos. Muitos estreitos, golfos, mares análogos ao Canal da Mancha, ao mar Vermelho, ao Adriático, ao Báltico, ao Cáspio. Praias agradáveis, enseadas tranquilas, lagos e largos rios, frotas antes aéreas do que aquáticas, céu quase sempre puro, principalmente pela manhã. Não há manhãs tão luminosas quanto as nossas. As condições meteorológicas diferem sensivelmente das da Terra, porque, sendo a atmosfera mais rarefeita, as águas, sempre na superfície, aliás, evaporam-se mais facilmente; depois porque, condensando-se novamente, em vez de formarem nuvens duradouras, tornam a passar, quase sem transição, do estado gasoso ao estado líquido. Poucas nuvens e poucos nevoeiros. O estudo da astronomia é favorecido em nosso planeta pela claridade do céu.

Temos dois satélites, dos quais um nasce ao poente e se põe ao nascente, atravessando o céu de Oeste a Leste em cinco horas e meia e passando de uma fase à outra em menos de três horas! Isso é um espetáculo único em todo o sistema solar e que muito contribuiu para atrair a atenção dos habitantes para o estudo do céu. Além disso, temos eclipses lunares quase todos os dias; mas nunca eclipses solares totais, porque os nossos satélites são demasiado pequenos. A Terra nos aparece como Vênus aparece para a Terra. Para nós, ela é a estrela matutina e a vespertina e, na Antiguidade, antes da invenção dos instrumentos de óptica que nos ensinaram que é um planeta habitado como o vosso –, mas com seres inferiores –, os nossos ancestrais adoravam-na, considerando-a uma divindade tutelar. Todos os mundos têm uma mitologia durante seus séculos de infância, e essa mitologia tem como origem, como base e como objeto o aspecto aparente dos corpos celestes. Por vezes a Terra, acompanhada da Lua, passa por nós diante do Sol e se projeta sobre o seu disco, como uma pequena mancha negra acompanhada de outra menor. Aqui, todo o mundo acompanha com curiosidade esses fenômenos celestes. Nossos jornais tratam muito mais de ciência do que de teatros, de fantasias literárias, de questões políticas ou de tribunais. O Sol nos parece um pouco menor, e recebemos dele menos luz e menos calor. Nossos olhos, mais sensíveis, veem melhor do que os vossos. A temperatura é um pouco mais elevada.

– Como! – repliquei –; estais mais longe do Sol e recebeis mais calor do que nós?

– Chamonnix está um pouco mais afastado do Sol meridional do que o cume do Monte Branco – respondeu ele. Não é só a distância do Sol que regula as temperaturas: é preciso levar em conta, ao mesmo tempo, a constituição da atmosfera. Os nossos gelos polares fundem-se mais completamente do que os vossos sob o nosso Sol de verão.

– Quais são as regiões de Marte mais povoadas?

– Somente as regiões polares (onde vós avistais da Terra as neves e os gelos derretendo-se em cada primavera) são inabitadas. A população das regiões temperadas é muito densa; mas são, ainda assim, as terras equatoriais as mais povoadas e, principalmente, as costas marinhas, apesar das enchentes. Inúmeras cidades são construídas quase sobre a água, parcialmente suspensas nos ares, dominando as inundações, previamente calculadas e esperadas.

–Vossas artes e vossas indústrias assemelham-se às nossas? Tendes estradas de ferro, navios a vapor, o telégrafo, o telefone?

– Isso é diferente. Nunca tivemos vapor, nem estradas de ferro, porque sempre conhecemos a eletricidade, e a navegação aérea nos é natural. As nossas frotas são movidas pela eletricidade e são mais aéreas do que aquáticas. Vivemos sobretudo na atmosfera e não temos habitações de pedra, de ferro e de madeira. Não conhecemos os rigores do inverno, porque ninguém fica exposto a ele; os que não habitam nas regiões equatoriais emigram todo o outono, como vossos pássaros. Ser-te-ia muito difícil formar uma ideia exata do nosso gênero de vida.

– Existe em Marte grande quantidade de humanos que já tenha habitado na Terra?

– Não. Entre os cidadãos do vosso planeta, a maior parte é ignorante, ou indiferente, ou céptica, e não está preparada para a vida do espírito. Eles estão apegados à Terra, e continuam assim por muito tempo. Muitas almas dormem completamente. Somente as que vivem, agem, aspiram ao conhecimento da verdade estão destinadas à imortalidade consciente, as únicas a que o mundo espiritual interessa e que estão aptas para compreendê-lo. Essas almas podem deixar a Terra e reviver em outros mundos. Várias vão durante algum tempo habitar em Marte, primeira etapa de uma viagem ultraterrestre, afastando-se do Sol, ou em Vênus, primeira parada aquém; mas Vênus é um mundo análogo à Terra e menos privilegiado ainda, devido às suas estações muito breves, que obrigam os organismos a sofrerem os mais bruscos contrastes de temperatura. Certos espíritos voam imediatamente até as regiões estreladas. Como tu sabes, o espaço não existe. Em suma, a justiça reina no sistema do mundo moral, assim como o equilíbrio no sistema do mundo físico, e o destino das almas não é senão o resultado perpétuo de suas aptidões, suas aspirações, e, consequentemente, ***das suas obras***. A via uraniana está aberta a todos, mas a alma não é verdadeiramente uraniana senão quando se desligar totalmente do peso da vida material. Virá o dia em que não haverá mais, em próprio vosso planeta, outra crença, nem outra religião que não seja o conhecimento do Universo e a certeza da imortalidade em suas infinitas regiões, em seu domínio eterno.

– Que estranha singularidade – exclamei –, que ninguém na Terra conheça essas sublimes verdades! Ninguém olha para o céu. Vivemos aqui como se apenas a nossa ilhota existisse no mundo.

– A humanidade terrestre é jovem –, replicou Spero. Não deves te desesperar. Ela é criança, e encontra-se ainda na ignorância primitiva. Diverte-se com ninharias, obedece a mestres que ela mesma escolhe. Gostais de vos dividir em nações e de fantasiar-vos com trajes nacionais para vos exterminar ao som da música. Depois, vós ergueis estátuas aos que vos levam à carnificina. Arruinai-vos e suicidai-vos e, entretanto, não podeis viver sem extrair da Terra o vosso pão cotidiano. É uma triste situação essa, mas que basta amplamente à maior parte dos habitantes do vosso planeta. Se alguns, de aspirações mais elevadas, pensaram, por vezes, nos problemas de ordem superior, na natureza da alma, na existência de Deus, o resultado não foi melhor, pois colocaram as almas fora da natureza, e inventaram deuses bizarros, infames, que apenas existiram em sua imaginação pervertida, e em nome dos quais cometem todos os atentados à consciência humana, abençoaram todos os crimes e sujeitaram os espíritos fracos à escravidão, da qual será difícil libertarem-se. O menor animal, em Marte, é melhor, mais belo, mais meigo, mais inteligente e maior do que o deus dos exércitos de David, de Constantino, de Carlos Magno e de todos os vossos assassinos coroados. Não devemos, pois, admirar-nos da tolice e da grosseria dos terráqueos. Mas a lei do progresso rege o mundo. Estais mais evoluídos do que no tempo dos vossos antepassados da idade da pedra, cuja miserável existência se passou em disputar seus dias e noites às feras. Em alguns milhares de anos estareis mais adiantados do que hoje. Então Urânia reinará em vossos corações.

– Seria preciso um fato material, brutal, para instruir e convencer os humanos. Se, por exemplo, pudéssemos entrar algum dia em comunicação com a terra vizinha em que habitas, não em comunicação psíquica com um ser isolado, como estou fazendo neste momento, mas com o próprio planeta, na presença de centenas e milhares de testemunhas, isso seria um gigantesco voo para o progresso.

– Poderíeis consegui-lo desde já, se o quisésseis; pois nós, em Marte, estamos inteiramente preparados para isso, e já o tentamos várias vezes. Mas vós nunca nos respondestes! Refletores solares, desenhando em nossas vastas planícies figuras geométricas, vos provam que existimos. Poderíeis responder-nos com figuras semelhantes, traçadas também em vossas planícies, seja durante o dia, à luz solar, seja durante a noite, à luz elétrica. Mas nem chegastes a pensar nisso e, se alguém propusesse tentá-lo, vossos juízes impedi-lo-iam, pois essa mera ideia está inacessivelmente acima do consenso universal dos cidadãos do teu planeta. Em que se ocupam as suas assembleias científicas? Em conservar o passado. Em que se ocupam as suas assembleias políticas? Em aumentar os encargos públicos. No reino dos cegos quem tem um olho é rei. Mas não devemos desesperar totalmente. O progresso vos arrebata apesar de vós. Um dia, também sabereis que sois cidadãos do céu. Vivereis, então, na luz, no saber, no verdadeiro mundo do espírito.

Enquanto o habitante de Marte me fazia conhecer, assim, os principais traços da sua nova pátria, o globo terrestre tinha girado para o Oriente, o horizonte se inclinara e a Lua se erguera gradualmente no firmamento que ela iluminava com o seu clarão. De súbito, baixando os olhos para o lugar onde Spero estava sentado, não pude reprimir um gesto de surpresa. O luar difundia a sua luz, tanto sobre Spero quanto sobre mim, e, no entanto, enquanto o meu corpo projetava sombra sobre o parapeito, o dele ficava sem sombra!

Levantei-me bruscamente para verificar melhor o fato, e voltei-me logo, estendendo a mão até o seu ombro e seguindo no parapeito a sombra do meu gesto. Mas, instantaneamente, o meu visitante desaparecera. Estava completamente sozinho, na torre silenciosa. A minha silhueta, muito escura, projetava-se distintamente no parapeito. A Lua brilhava. A cidade dormia a meus pés. O ar estava tépido e sem brisas.

Entretanto, pareceu-me ouvir passos. Prestei atenção, e ouvi, com efeito, passos bastante pesados que se aproximavam de mim. Evidentemente alguém subia até a torre.

– O senhor não desceu ainda! – exclamou o guarda, ao alcançar o topo. Eu estava esperando para fechar as portas, e supunha que as experiências haviam terminado.

Capítulo IV

O ponto fixo no Universo. A natureza é um dinamismo

A lembrança de Urânia, da viagem celeste em que ela me levara, das verdades que me fizera pressentir; a história de Spero, de suas lutas na busca do absoluto; a sua aparição e sua narrativa do outro mundo não cessavam de ocupar meu pensamento e de recolocar continuamente diante de minha mente os mesmos problemas, em partes resolvidos, em parte velados na incerteza das nossas ciências. Sentia que, gradualmente, eu me elevara na percepção da verdade, e que, realmente, o universo visível é apenas uma aparência que é preciso atravessar para atingir a realidade.

Tudo é somente ilusão no testemunho dos nossos sentidos. A Terra não é o que nos parece ser, a natureza não é o que acreditamos ser.

No próprio universo físico, onde está *o ponto fixo* sobre o qual a criação material está em equilíbrio?

A impressão direta e natural dada pela observação da natureza é de que habitamos na superfície de uma Terra sólida, estável, fixa no centro do Universo. Foram necessários longos séculos de estudos e uma audaciosa temeridade de espírito para conseguirmos libertar-nos dessa impressão natural e reconhecermos que o mundo em que estamos está isolado no espaço, sem qualquer tipo de apoio, em movimento rápido sobre si mesmo e em torno do Sol. Mas, para os séculos anteriores à análise científica, para os povos primitivos, e ainda hoje para três quartos do gênero humano, temos os pés apoiados em uma terra sólida, fixada na base do Universo, e cujas bases devem estender-se até o infinito nas profundezas.

Desde o dia, entretanto, em que foi reconhecido que é o mesmo Sol que se põe e se levanta todos os dias; a mesma Lua, as mesmas estrelas, as mesmas constelações que giram ao redor de nós, fomos, por isso mesmo, levados a admitir, com incontestável certeza, que há, acima da Terra, o lugar vazio necessário para deixar passarem todos os astros do firmamento, desde o ocaso até o seu levante. Esse primeiro reconhecimento tinha um peso capital. A admissão do isolamento da Terra no espaço foi a primeira grande conquista da Astronomia. Era o primeiro passo, e o mais difícil, na verdade. Refleti, pois! Suprimir os alicerces da Terra! Tal ideia nunca teria germinado em nenhum cérebro sem a observação dos astros, sem a transparência da atmosfera, por exemplo. Sob um céu perpetuamente nublado, o pensamento humano permaneceria fixo ao solo terrestre como a ostra ao rochedo.

Uma vez a Terra isolada no espaço, o primeiro passo estava dado. Antes dessa revolução, cujo alcance filosófico iguala-se ao valor científico, todas as formas haviam sido imaginadas para o nosso planeta sublunar. Primeiramente, tinha-se considerado a Terra igual a uma ilha emergindo acima de um oceano sem limites, tendo essa ilha raízes infinitas. A seguir, acreditou-se que Terra inteira, com seus mares, tivesse a forma de um disco chato, circular, ao redor do qual vinha apoiar-se a abóbada do firmamento. Mais tarde, imaginaram-lhe formas cúbicas, cilíndricas, poliédricas, etc. Entretanto, os progressos da navegação tendiam a revelar a sua natureza esférica, e quando seu isolamento foi reconhecido com seus testemunhos incontestáveis, essa esfericidade foi admitida como um corolário natural desse isolamento e do movimento circular das esferas celestes em torno do globo supostamente central.

Uma vez reconhecido que o globo terrestre estava isolado no vazio, já não era difícil pô-lo em movimento. Outrora, quando o céu era considerado uma abóbada coroando a Terra maciça e indefinida, a própria ideia de supô-la em movimento teria sido tão absurda quanto insustentável. Mas desde o dia em que a virmos, mentalmente, como um globo colocado no centro dos movimentos celestes, a ideia de imaginar que, talvez, esse globo poderia girar sobre si mesmo para evitar ao céu inteiro, ao Universo imenso, a obrigação de realizar essa operação cotidiana, pode vir naturalmente à mente do pensador. E, com efeito, vemos a hipótese da rotação diurna do globo terrestre nascer nas antigas civilizações: entre os gregos, os egípcios, os indianos, etc. Basta lermos alguns capítulos de Ptolomeu, de Plutarco, do ***Surya-Siddhanta***,[1] para termos ideia dessas tentativas. Mas, essa nova hipótese, apesar de ter sido preparada pela primeira, não era menos audaciosa e contrária ao sentimento nascido da contemplação direta da natureza. A humanidade pensante teve que esperar até o século dezesseis da nossa era, ou, melhor dizendo, até o século dezessete para conhecer a verdadeira posição do nosso planeta no Universo e ***saber***, com testemunhos em seu apoio, que ela se move com um movimento duplo, cotidianamente sobre si mesma, anualmente ao redor do Sol. Datando somente dessa época, datando de Copérnico, Galileu, Kepler e Newton, a real Astronomia foi fundada.

Entretanto, isso era ainda apenas um começo, pois o grande renovador da ideia do sistema do mundo, o próprio Copérnico, não suspeitava dos outros movimentos da Terra, nem das distâncias das estrelas. Foi somente em nosso século que as primeiras distâncias das estrelas puderam ser medidas, e é somente em nossos dias que as descobertas siderais nos têm oferecido dados necessários para permitir que tomemos conhecimento das forças que mantêm o equilíbrio da Criação.

A antiga ideia sobre as raízes sem fim atribuídas à Terra deixava, evidentemente, muito a desejar às mentes desejosas de ir ao fundo das coisas. É-nos absolutamente impossível conceber um pilar material, tão espesso e tão largo quanto quisermos (do diâmetro da Terra, por exemplo), enterrando-se até ao Infinito, como não podemos admitir a existência real de um bastão que tivesse só uma extremidade. Por mais longe

1 N.T. - O ***Surya Siddhanta***, (Sistemas de Astronomia), texto em sânscrito, redigido em versos, no século IV ou V d.C., era um conjunto de textos matemáticos e regras enigmáticas de Astronomia, contendo poucas explicações e pouquíssimas provas.

que nossa imaginação desça até a base desse pilar material, chegará a um ponto onde verá o seu fim. As pessoas haviam dissimulado a dificuldade, materializando a esfera celeste, e colocando a Terra dentro, ocupando toda a sua região inferior. Mas, por um lado, os movimentos dos astros tornavam-se difíceis de justificar, e, por outro, esse mesmo universo material, encerrado em um imenso globo de cristal, não era sustentado por nada, já que o infinito devia estender-se ao seu redor, tanto embaixo quanto em cima. As mentes investigadoras tiveram, primeiramente, que se libertar da ideia vulgar da gravidade.

Isolada no espaço, como um balão de criança flutuando no ar, e mais absolutamente ainda, já que o balão é levado pelas ondas aéreas, ao passo que os mundos gravitam no vazio, a Terra é um joguete para as forças cósmicas invisíveis a que ela obedece, verdadeira bolha de sabão sensível ao menor sopro. Podemos, aliás, convencermo-nos facilmente disso, se imaginarmos, sob o mesmo olhar, o conjunto dos *doze* movimentos principais de que ela é animada. Talvez eles possam nos ajudar a encontrar esse "ponto fixo" que a nossa ambição filosófica reclama.

Lançada ao redor do Sol, à distância de 149 milhões de quilômetros, e percorrendo, nessa distância, a sua revolução anual em torno do astro luminoso, ela corre consequentemente à velocidade de 2.572.000 quilômetros por dia, ou seja, 107.000 quilômetros por hora, ou 29.450 metros por segundo. Essa velocidade é mil e cem vezes mais rápida do que a de um trem-relâmpago lançado à velocidade de 100 quilômetros por hora.

É uma bala de canhão, correndo com rapidez setenta e cinco vezes superior à de um obus, correndo incessantemente e sem jamais atingir o alvo. Em 365 dias, 6 horas, 9 minutos e 10 segundos, o projétil terrestre volta ao mesmo ponto de sua órbita em relação ao Sol, e continua a correr. O Sol, por sua vez, desloca-se no espaço, seguindo uma linha oblíqua ao plano do movimento anual da Terra, linha dirigida para a constelação de Hércules. Daí resulta que, ao invés de descrever uma curva fechada, a Terra descreve uma espiral, e jamais passou duas vezes pelo mesmo caminho desde que existe. Ao seu movimento de revolução anual ao redor do Sol, acrescenta-se, pois, perpetuamente, como um segundo movimento, o do próprio Sol, que a arrasta, com todo o sistema, em uma queda oblíqua para a constelação de Hércules.

Durante esse tempo, o nosso globo viravolteia sobre si mesmo em vinte e quatro horas, e nos dá a sucessão cotidiana dos dias e das noites. Rotação diurna: terceiro movimento.

Ele não gira sobre si mesmo reto como um pião que estaria na vertical em cima de uma mesa, mas inclinado, como se sabe, em um ângulo de 23° 27'. Essa inclinação não é tampouco estável: varia de ano para ano, de século para século, oscilando lentamente, por períodos seculares: temos aqui um quarto gênero de movimento.

A órbita que o nosso planeta percorre anualmente em torno do Sol não é circular, mas elíptica. Essa própria elipse também varia de ano para ano, de século para século; ora se aproxima da circunferência de um círculo, ora se alonga até uma marcante excentricidade. É como um aro elástico que fosse mais ou menos deformado. Essa é a quinta complexidade dos movimentos da Terra.

Essa própria elipse não é fixa no espaço, mas gira em seu próprio plano, em um período de 21.000 anos. O periélio, que, no início da nossa era, estava a 65 graus de longitude, a partir do equinócio de primavera, está agora a 101 graus. Esse deslocamento secular da linha das apsides produz uma sexta complicação nos movimentos do nosso planeta.

Agora, eis uma sétima. Dissemos há pouco que o eixo de rotação do nosso globo é inclinado, e todos sabem que o prolongamento ideal desse eixo termina na estrela polar. Esse eixo também não é fixo: gira em 25.765 anos, conservando a sua inclinação de 22 a 24 graus; de modo que o seu prolongamento descreve na esfera celeste, ao redor do polo da eclíptica, um círculo de 44 a 48 graus de diâmetro, conforme as épocas. É em consequência desse deslocamento do polo que Vega se tornará estrela polar em doze mil anos, como ela já o foi há catorze mil anos. Sétimo gênero de movimento.

Um oitavo movimento, devido à ação da Lua sobre a protuberância equatorial da Terra, o da nutação, faz com que o polo do equador descreva uma pequena elipse em 18 anos e oito meses.

Um nono, devido igualmente à atração do nosso satélite, muda incessantemente a posição do centro de gravidade do globo e o lugar da Terra no espaço. Quando a Lua está à nossa frente, acelera a marcha do globo; quando se acha atrás, nos retarda, ao contrário, como um freio: complicação mensal que vem somar-se a todas as precedentes.

Quando a Terra passa entre o Sol e Júpiter, a atração deste, apesar da distância de 155 milhões de léguas, faz com que ela se desvie 2,10 metros para além da sua órbita absoluta. A atração de Vênus faz com que ela se desvie 1,25 m para aquém. Saturno e Marte também exercem sua atração, porém de modo mais fraco. Trata-se de perturbações externas que constituem um décimo gênero de correções que devemos acrescentar aos movimentos do nosso esquife celeste.

Como o conjunto dos planetas pesa quase a setingentésima parte do peso do Sol, o centro de gravidade ao redor do qual a Terra circula anualmente nunca está exatamente no centro do Sol, mas distante desse centro, e muitas vezes até fora do globo solar. Ora, falando em termos absolutos, a Terra não gira em torno do Sol, mas os dois astros, Sol e Terra, giram ao redor do seu centro comum de gravidade. O centro do movimento anual do nosso planeta muda, pois, constantemente de lugar, e podemos acrescentar às precedentes esta décima primeira complicação.

Poderíamos até acrescentar ainda outras; mas o que precede é suficiente para fazer apreciar o grau de leveza, de sutileza da nossa ilha flutuante, submetida, como vemos, a todas as flutuações das influências celestes. A análise matemática vai muito além dessa exposição sumária: só na Lua, que parece girar tão calmamente ao redor da Terra, essa análise descobriu mais de sessenta causas distintas de movimentos diferentes!

A expressão, portanto, não é exagerada: nosso planeta não é senão um joguete para as forças cósmicas que o conduzem pelos campos do céu, e o mesmo acontece a todos os mundos e a tudo quanto existe no Universo. A matéria obedece docilmente à força.

Onde está, pois, o ponto fixo no qual ambicionamos apoiar-nos?

De fato, o nosso planeta, considerado outrora na base do mundo, é sustentado à distância pelo Sol, que o faz gravitar em torno de si, com uma velocidade correspondente a essa distância. Essa velocidade, causada pela própria massa solar, mantém o nosso planeta à mesma distância média do astro central: uma menor velocidade faria predominar a gravidade e acarretaria a queda da Terra no Sol; uma velocidade maior, ao contrário, afastaria progressiva e infinitamente nosso planeta do foco de calor que o faz viver. Mas, pela velocidade resultante da gravitação, nosso planeta errante se mantém sustentado em uma estabilidade permanente. Da mesma forma, a Lua é mantida no espaço pela força de gravidade da Terra, que a faz circular ao seu redor com a necessária velocidade para mantê-la constantemente à mesma distância média. A Terra e a Lua formam, assim, no espaço, um par planetário que se mantém em perpétuo equilíbrio sob o domínio supremo da atração solar. Se somente nosso globo existisse no mundo, ele permaneceria eternamente imóvel no ponto do espaço infinito onde houvesse sido colocado, sem jamais poder descer, nem subir, nem mudar de posição de qualquer outra forma – sendo essas próprias expressões: descer, subir, esquerda ou direita, sem nenhum sentido absoluto. Se essa mesma Terra, sempre existindo sozinha, tivesse recebido um impulso qualquer e tivesse sido lançada com qualquer velocidade em uma direção qualquer, ela se moveria eternamente em linha reta nessa direção, sem jamais poder parar, nem retardar, nem mudar seu movimento. O mesmo aconteceria se a Lua estivesse somente com ela no universo: ambas girariam ao redor do seu centro comum de gravidade, cumprindo o seu destino, no mesmo lugar do espaço, movendo-se juntas na direção para a qual tivessem sido projetadas. Existindo o Sol, e sendo o centro do sistema, todos os planetas e respectivos satélites dependem dele, e têm o destino irrevogavelmente ligado ao seu.

Será, pois, nesse tão colossal e pesado globo solar que encontraremos o ponto fixo que buscamos, a base sólida que parecemos desejar para garantir a estabilidade do Universo?

Seguramente não, já que próprio Sol não está em repouso, já que ele nos conduz com todo o seu sistema para a constelação de Hércules.

Nosso Sol gravita ao redor de outro sol imenso cuja atração se estende até ele e regeria os seus destinos, tal como ele rege o dos planetas? As investigações da Astronomia sideral levam a pensar que, em uma direção situada em ângulo reto à Terra quando ela se encaminha para Hércules, possa existir um astro de tal poder? Não. O nosso Sol sofre as atrações siderais; mas nenhuma parece dominar todas as outras e reinar soberana sobre o nosso astro central.

Embora seja perfeitamente admissível, ou, melhor dizendo, certo, que o sol mais próximo do nosso, a estrela Alfa do Centauro, e o nosso próprio Sol sintam sua mútua atração, ainda assim não poderíamos considerar esses dois sistemas formando um par análogo aos das estrelas binárias, primeiramente porque todos os sistemas de estrelas binárias conhecidos são compostos de estrelas muito mais próximas uma da outra; depois porque, na imensidão da órbita descrita de acordo com essa hipótese, não podemos considerar sem influência as atrações das estrelas vizinhas e, finalmente, porque as velocidades reais com que se movem esses dois sóis são muito mais altas das que resultariam de sua mútua atração.

Mas, aqui intervém outro fator, mais importante do que todos os precedentes: a Via Láctea, com os seus dezoito milhões de sóis, da qual seria seguramente audacioso procurar o centro de gravidade.

Mas o que é toda a Via Láctea diante dos bilhões de estrelas que o nosso pensamento contempla no seio do universo sideral? Essa Via Láctea também não se desloca como um arquipélago de ilhas flutuantes? Não é cada nebulosa resolúvel, cada massa de estrelas, uma Via Láctea em movimento, sob a ação da gravitação dos outros universos que a chamam e solicitam através da noite infinita?

De estrelas em estrelas, de sistemas em sistemas, de regiões em regiões, o nosso pensamento se acha transportado em presença das grandezas insondáveis, dos movimentos celestes, cuja velocidade começamos a avaliar, mas que já ultrapassam qualquer concepção. O movimento próprio do sol Alfa do Centauro ultrapassa seis bilhões de quilômetros por ano. O movimento próprio da estrela 61 do Cisne (segundo sol na ordem das distâncias) equivale a 1480 milhões de quilômetros por ano ou a, aproximadamente, quatro milhões de quilômetros por dia. A estrela Alfa do Cisne aproxima-se de nós em linha reta com uma velocidade de dois bilhões de quilômetros por ano. O movimento próprio da estrela 183 do Catálogo de Groombridge alcança 10 bilhões de quilômetros por ano, o que representa 28 milhões de quilômetros por dia, 115.000 quilômetros por hora ou 320.000 metros por segundo!... Essas são estimativas mínimas, tendo em vista que não vemos certamente de frente, mas obliquamente, os deslocamentos estelares assim medidos.

Que projéteis! São sóis, milhares e milhões de vezes mais pesados do que a Terra, lançados através dos espaços insondáveis com velocidades ultravertiginosas, circulando na imensidão sob a influência da gravitação de todos os astros do Universo. E esses milhões, esses bilhões de sóis, de planetas, de aglomerados estelares, de nebulosas, de mundos que começam, de mundos que acabam, precipitam-se com velocidades análogas para destinos que eles ignoram, com uma energia, uma intensidade de ação diante das quais a pólvora e a dinamite são alentos de crianças de berço.

E assim, todos eles correm, para a eternidade talvez, sem nunca poderem aproximar-se dos limites inexistentes do infinito... Por toda parte o movimento, a atividade, a luz e a vida. Felizmente, sem dúvida. Se todos esses inumeráveis sóis, planetas, terras, luas e cometas estivessem fixos, imóveis, reis petrificados em seus eternos túmulos, como seria mais formidável ainda, porém mais lamentável, o aspecto de tal universo! Imaginai toda a Criação parada, congelada, mumificada! Semelhante ideia não seria insustentável, e não possuiria algo de fúnebre?

E quem causa esses movimentos? Quem os mantém? Quem os rege? A gravitação universal, a força invisível, à qual o universo visível (a que chamamos matéria) obedece. Um corpo atraído do infinito pela Terra atingiria uma velocidade de 11.300 metros por segundo; do mesmo modo, um corpo lançado da Terra com essa velocidade nunca cairia. Um corpo atraído do infinito pelo Sol atingiria uma velocidade de 608.000 metros; da mesma forma, um corpo lançado pelo Sol com essa velocidade jamais voltaria ao seu ponto de partida. Aglomerados de estrelas podem determinar velocidades muito mais consideráveis ainda, mas que se explicam pela teoria da gravitação. Basta passarmos os olhos por um mapa dos movimentos próprios das estrelas para percebermos a variedade desses movimentos e a sua grandeza.

A gravitação não explica a origem do movimento. Se ela fosse a única a existir, em toda a eternidade, o Universo não formaria senão um bloco. O movimento tem por origem uma causa primeira.

Assim, as estrelas, os sóis, os planetas, os mundos, os cometas, as estrelas cadentes, os meteoritos, em suma, todos os corpos constitutivos desse vasto Universo repousam, não em bases sólidas, como supunha a concepção primitiva e pueril de nossos antepassados, mas nas forças invisíveis e imateriais que regem seus movimentos. Esses bilhões de corpos celestes têm seus respectivos movimentos por causa da estabilidade, e se apoiam mutuamente uns nos outros, através do vazio que os separa. A mente que pudesse fazer abstração do tempo e do espaço veria a Terra, os planetas, o Sol, as estrelas chovendo de um céu sem limites, em todas as direções imagináveis, como gotas levadas pelos turbilhões de uma gigantesca tempestade, e atraídas, não por uma base, mas sim pela atração de cada uma e de todas; cada uma dessas gotas cósmicas, cada um desses mundos, cada um desses sóis é transportado por uma velocidade tão rápida, que o voo das balas de canhão é apenas um repouso em comparação: não são cem, nem quinhentos, nem mil metros por segundo, são dez mil, vinte mil, cinquenta mil, cem mil, e até duzentos ou trezentos mil metros *por segundo*!...

Como não acontecem colisões no meio de semelhantes movimentos? Talvez elas aconteçam: as "estrelas temporárias", que parecem renascer de suas cinzas, poderiam ser uma indicação. Mas, de fato, só dificilmente poderiam acontecer colisões, porque o espaço é imenso em relação às dimensões dos corpos celestes, e porque o movimento que anima cada corpo o impede, precisamente, de sofrer passivamente a atração de outro corpo e de cair sobre ele: ele conserva o seu movimento próprio, que não pode ser destruído, e desliza ao redor do foco que o atrai, como uma borboleta que obedecesse à atração de uma chama sem nela se queimar. Aliás, falando de modo absoluto, esses movimentos não são "rápidos".

Com efeito, todos esses corpos correm, voam, caem, rolam, precipitam-se através do espaço, mas a tais distâncias um do outro, que tudo parece em repouso! Se quiséssemos colocar em um quadro da dimensão de Paris os astros cuja distância foi medida até hoje, a estrela mais próxima seria colocada a dois quilômetros do Sol, do qual a Terra ficaria um centímetro afastada, Júpiter, cinco centímetros e Netuno, 30. A estrela 61 do Cisne ficaria a quatro quilômetros, Sirius a 10 quilômetros, a estrela polar a 27 quilômetros, etc., e a imensa maioria das estrelas permaneceria além do departamento do Sena. Pois bem, animando todos esses projéteis com seus movimentos relativos, a Terra deveria levar um ano para percorrer a sua órbita de um centímetro de raio, Júpiter doze anos para percorrer a sua de cinco centímetros e Netuno, cento e sessenta e cinco anos. Os movimentos próprios do Sol e das estrelas seriam da mesma proporção, ou seja, tudo pareceria em repouso, mesmo ao microscópio. Urânia reina com calma e serenidade na imensidão do Universo.

Ora, a constituição do universo sideral é a imagem da dos corpos chamados materiais. Todo corpo, orgânico ou inorgânico, homem, animal, planta, pedra, ferro, bronze, é composto de moléculas em movimento perpétuo e que não se tocam. Essas próprias moléculas são compostas de átomos que não se tocam. Cada um desses átomos é infinitamente pequeno e invisível, não somente aos olhos, não somente ao microscópio, mas também ao pensamento. Foi calculado que em uma cabeça de alfinete não há menos do que oito sextilhões de átomos, ou seja, oito mil bilhões de bilhões, e que em um centímetro cúbico de ar não há menos do que um sextilhão de moléculas. Todos esses átomos, todas essas moléculas estão em movimento sob a influência das forças que os regem e, relativamente às suas dimensões, grandes distâncias os separam. Podemos até pensar que não há, em princípio, senão um tipo de átomos, e que é a quantidade de átomos primitivos, essencialmente simples e homogêneos, seus modos de organização e seus movimentos que constituem a diversidade das moléculas: uma molécula de ouro, de ferro não diferiria de uma molécula de enxofre, de oxigênio, de hidrogênio, etc., a não ser pela quantidade, pela disposição e pelo movimento dos átomos primitivos que a compõem; cada molécula seria um sistema, um microcosmo.

Mas, qualquer que seja a ideia que podemos fazer a respeito da constituição íntima dos corpos, a verdade, atualmente reconhecida, e doravante incontestável, é que o ponto fixo procurado pela nossa imaginação não existe em parte alguma. Arquimedes pode reclamar em vão um ponto de apoio para levantar o mundo. ***Os mundos, assim como os átomos, repousam no invisível***, na força imaterial; tudo se move influenciado pela atração, como se estivesse em busca desse ponto fixo, que se dissimula à medida que o buscamos, e que não existe, já que no infinito, o centro está em todos os lugares e em lugar nenhum. Os pretensos espíritos positivos, que afirmam com tanta convicção que "apenas a matéria reina com suas propriedades", e que sorriem desdenhosamente das pesquisas dos pensadores, deveriam primeiramente dizer-nos o que entendem por essa tão mencionada "matéria". Se eles não se detivessem na superfície das coisas, se suspeitassem que as aparências escondem realidades intangíveis, eles seriam, certamente, um pouco mais modestos.

Para nós, que buscamos a verdade, sem ideias preconcebidas e sem espírito de sistema, parece-nos que a essência da matéria continua tão misteriosa quanto a essência da força, não sendo o universo visível absolutamente o que parece ser aos nossos sentidos. De fato, esse universo visível é composto de átomos invisíveis; ele repousa no vazio, e as forças que o regem são em si mesmas imateriais e invisíveis. Seria menos audacioso pensar que a matéria não existe, que tudo é dinamismo, do que pretender afirmar a existência de um universo exclusivamente material. Quanto ao suporte material do mundo, ele desapareceu – observação bastante cáustica – precisamente com as conquistas da Mecânica, que proclamam o triunfo do invisível. O ponto fixo se esvai na universal ponderação dos poderes, na ideal harmonia das vibrações do éter; quanto mais o buscamos, menos o encontramos; e o esforço final do nosso pensamento tem por derradeiro apoio, por suprema realidade, o infinito.

Capítulo V

Alma vestida de ar

Ela estava em pé, em sua casta nudez, com os braços erguidos, segurando a cabeleira, cujas melenas macias e opulentas torcia, tentando mantê-las no alto da cabeça. Era uma beleza juvenil, que ainda não havia atingido a perfeição e o desenvolvimento das formas definitivas, mas das quais se aproximava, radiante no resplendor do seu décimo sétimo ano de existência.

Filha de Veneza, a sua carnação, de alvura suavemente rosada, deixava adivinhar, sob sua transparência, a circulação de uma seiva ardente e forte; seus olhos resplandeciam com misterioso e perturbador brilho, e o aveludado vermelho dos lábios, ligeiramente entreabertos, fazia sonhar tanto com o fruto quanto com a flor.

Estava maravilhosamente bela assim e, se algum novo Páris tivesse recebido a missão de outorgar-lhe a palma, não sei se teria colocado a seus pés a da graça, a da elegância ou a da beleza, tanto ela parecia reunir em si o vivo charme da sedução moderna às calmas perfeições da beleza clássica.

O mais feliz, o mais inesperado dos acasos havia levado o pintor Falero e eu à sua presença. Em uma luminosa tarde da primavera passada, passeando à beira-mar, tínhamos atravessado um dos bosques de oliveiras de melancólica folhagem, que podemos encontrar entre Nice e Mônaco, e, sem perceber, havíamos entrado em uma propriedade particular aberta do lado da praia. Um pitoresco atalho subia, serpenteando, em direção à colina. Acabávamos de passar por um bosque de laranjeiras, cujos frutos de ouro lembravam o jardim das Hespérides;[1] o ar estava perfumado, o céu de um azul profundo, e discorríamos sobre um paralelo entre a arte e a ciência, quando o meu companheiro, que se detivera repentinamente, como se impedido por irresistível fascinação, me fez sinal para calar-me e olhar.

Atrás de uma plantação de cactos e de figueiras-da-barbária,[2] a alguns passos diante de nós, uma suntuosa sala de banho, com a janela aberta para o lado do Sol, nos deixava ver, não longe de uma bacia de mármore, na qual jorrava um jato de água com suave murmúrio, a jovem desconhecida, de pé diante de um colossal pisichê[3] que, da cabeça aos pés, refletia sua imagem. Sem duvida o ruído do jorro de água impediu-a de ouvir a nossa aproximação. Discretamente – ou antes, indiscretamente – permanecemos atrás dos cactos, olhando, mudos, imóveis.

Ela era bela, parecendo ignorar-se. Com os pés sobre uma pele de tigre, não tinha pressa. Achando sua longa cabeleira ainda muito úmida, deixou-a cair novamente sobre o corpo, voltou-se para nosso lado e pegou uma rosa de sobre a mesa perto da janela; depois, voltando para o imenso espelho, voltou a se ocupar do seu penteado, terminou-o tranquilamente, colocou a pequena rosa entre as duas tranças e, dando as costas para o Sol, inclinou-se, sem dúvida para começar a vestir-se. Mas, repentinamente, ergueu-se, soltou um grito agudo e escondeu o rosto nas mãos, pondo-se a correr para um canto escuro.

Nós pensamos, posteriormente, que talvez um movimento de nossas cabeças traíra a nossa presença, ou que, por um jogo do espelho, ela nos percebera. De qualquer forma, abandonamos imediatamente o local e, pelo mesmo atalho, descemos para o mar.

– Ah! – exclamou o meu companheiro –, confesso que nunca vi formas mais perfeitas em nenhuma das minhas mo-

---

1 N. T. – De acordo com a mitologia grega, as Hespérides eram deusas da primavera e representavam o espírito fertilizador da Natureza.

2 N. T. – Árvores também conhecidas como figueiras-da-índia.

3 N. T. – Espelho grande, móvel e inclinado, montado sobre uma armação.

delos, nem para o meu quadro das "Estrelas Duplas", nem para o de "Célia". O que pensais a respeito? Aquela aparição não chegou na hora exata para me dar razão? Vós que, em vão, celebrais com eloquência as delícias da ciência; convenhais que também a arte tem os seus encantos. As estrelas da Terra não rivalizam com vantagem com as belezas do céu? Não admirais como nós a elegância daquelas formas? Que tons encantadores! Que carnes!

– Eu não teria o mau gosto de não admirar o que é verdadeiramente belo – repliquei –, e admito que a beleza humana (e reconheço, sem hesitação, a beleza feminina em particular) represente realmente o que a natureza produziu de mais perfeito em nosso planeta. Mas sabeis o que mais admiro naquela criatura? Não é o seu aspecto artístico ou estético: é o testemunho científico que ela nos dá de um fato simplesmente maravilhoso. Nesse corpo encantador eu vejo uma alma vestida de ar.

– Oh! Admirais o paradoxo, bem sei. Uma alma vestida de ar! É muito idealista para um corpo tão real. Não duvido que essa sedutora jovem possua uma alma, mas, permiti-me, como artista, admirar seu corpo, sua vida, sua carne, sua cor... Prazerosamente eu diria, com o poeta das Orientais:[4]

> Car c'est un astre qui brille
> Qu'une fille
> Qui sort d'un bain au flot clair,
> Cherche s'il ne vient personne
> Et frissonne
> Toute mouillé au grand air![5]

– Não vos proíbo absolutamente. Mas é precisamente essa beleza física que me faz admirar sua alma, a força invisível que a formou.

– O que quereis dizer? Temos seguramente um corpo. A existência da alma é menos palpável.

---

4 N. T. – Victor Hugo.

5 N. T. – Como um astro que brilha,
Uma jovem
Saindo do banho de límpidas águas
Olha se não vem ninguém
E estremece
Toda molhada ao ar livre!

– Para os sentidos, sim. Para o espírito, não. Ora, os sentidos nos enganam completamente a respeito do movimento da Terra, da natureza do céu, da solidez aparente dos corpos, dos seres e das coisas. Gostarias de seguir por um momento o meu raciocínio?

Quando respiro o perfume de uma rosa, quando admiro a beleza da forma, a suavidade da cor, a elegância dessa flor em seu primeiro desabrochar, o que mais me impressiona é a obra da força oculta, desconhecida, misteriosa, que preside à vida da planta, sabe dirigi-la na manutenção de sua existência, escolhe as moléculas do ar, da água, da terra, adequadas à sua alimentação, e, sobretudo, que sabe assimilar essas moléculas e agrupá-las delicadamente, a ponto de com elas formar esse caule elegante, essas tão finas folhinhas verdes, essas pétalas de um rosado tão suave, essas nuances raras e esses deliciosos perfumes. Essa força misteriosa é o princípio anímico da planta. Colocai na terra, uma ao lado da outra, uma semente de lírio, uma bolota de carvalho, um grão de trigo e um caroço de pêssego; cada germe construirá o seu organismo.

Conheci um bordo que estava morrendo nos destroços de um velho muro, a alguns metros da excelente terra do fosso, e que, desesperado, lançou aleatoriamente uma raiz, atingiu o solo que havia desejado, penetrou nele, fixou ali uma sólida base, de modo que, sem sentir, ele, o imóvel, deslocou-se, deixou morrer suas raízes primitivas, abandonou as pedras e viveu ressuscitado, transformado, sobre o órgão libertador. Conheci olmos que iam alimentar-se na terra sob um campo fértil, aos quais haviam cortado a alimentação pela abertura de um largo fosso, e que decidiram fazer passar, por baixo desse fosso, as raízes não cortadas: conseguiram-no e voltaram ao seu sustento permanente, para grande pasmo do horticultor. Conheci também um jasmineiro heroico que atravessou oito vezes uma tábua furada que o separava da luz, e ao qual um observador provocador tornava a colocar no escuro, na esperança de, finalmente, esgotar a energia dessa planta: não conseguiu.

A planta respira, bebe, come, escolhe, recusa, procura, trabalha, vive e age de acordo com suas aptidões; aquela está doente, a outra está nervosa, agitada. A sensitiva estremece e cai desmaiada ao menor toque. Em certas horas de bem-estar, a taioba é quente, o cravo fosforescente, a valisnéria fecundada desce ao fundo das águas para amadurecer o fruto de seus amores. Sob essas manifestações de uma vida desconhecida, o filósofo não pode deixar de reconhecer no mundo das plantas um acorde do coro universal.

No momento, não vou além falando da alma humana, embora ela seja incomparavelmente superior à alma da planta e apesar de ela ter criado um mundo intelectual tão acima do resto da vida terrestre, como as estrelas estão elevadas acima da Terra. Não é do ponto de vista de suas faculdades espirituais que a considero aqui, mas somente como força que anima o ser humano.

Pois bem! Admiro que essa força agrupe os átomos que respiramos, ou que assimilamos pela nutrição, a ponto de com eles constituir esse ser encantador. Vide aquela moça no dia do seu nascimento, e segui com o pensamento o desenvolvimento gradual daquele pequeno corpo através dos anos da idade ingrata, até as primeiras graças da adolescência e até as formas da nubilidade. Como o organismo humano se mantém, se desenvolve, se compõe? Vós o sabeis: pela respiração e pela nutrição.

O ar provê as três quartas partes de nossa nutrição, pela respiração. O oxigênio do ar mantém o fogo da vida e o corpo é comparável a uma chama incessantemente renovada pelos princípios da combustão. A falta de oxigênio extingue a vida como extingue a lâmpada. Pela respiração, o sangue venoso escuro se transforma em sangue arterial vermelho e se regenera. Os pulmões são um fino tecido crivado de quarenta a cinquenta milhões de pequenos orifícios, suficientemente pequenos para deixar filtrar o sangue e suficientemente grandes para deixar o ar penetrar. Uma contínua troca de gases é feita entre o ar e o sangue, o primeiro fornecendo oxigênio ao segundo e, este, eliminando ácido carbônico. Por um lado, o oxigênio atmosférico queima carbono no pulmão; por outro lado, o pulmão exala ácido carbônico, nitrogênio e vapor de água. As plantas respiram (de dia) por um processo contrário, absorvem carbono e exalam ácido carbônico, mantendo, com esse contraste, uma parte do equilíbrio geral da vida terrestre.

De que se compõe o corpo humano? O homem adulto pesa, em média, 70 quilogramas. Destes, há quase 52 quilogramas de água, no sangue e na carne. Analisai a substância do nosso corpo e nela encontrareis a albumina, a fibrina, a caseína e a gelatina, ou seja, substâncias orgânicas compostas originariamente pelos quatro gases essenciais: o oxigênio, o nitrogênio, o hidrogênio e o ácido carbônico. Encontrareis, também, substâncias desprovidas de nitrogênio, tais como a goma, o açúcar, o amido, os corpos graxos; essas matérias passam igualmente pelo nosso organismo, o seu carbono e o seu hidrogênio são consumidos pelo oxigênio aspirado durante a respiração e, a seguir, exalados sob a forma de ácido carbônico e de água.

A água, não o ignorais, é uma combinação de dois gases, oxigênio e hidrogênio; o ar, mistura de dois gases, o oxigênio e o nitrogênio, aos quais se juntam, em proporções mais baixas, a água, em forma de vapor, o ácido carbônico, o amoníaco, o ozônio, que, aliás, não é mais do que o oxigênio condensado, etc.

Assim, o nosso corpo não é composto senão por gases transformados...

– Mas – interrompeu o meu companheiro –, nós não vivemos sem recursos. Devemos acrescentar, em certas horas indicadas por nosso estômago, alguns suplementos que têm também o seu valor, como uma asa de faisão, uma posta de linguado, uma taça de Château-Laffitte ou de champanhe, ou, de acordo com nossos gostos, aspargos, uvas, pêssegos...

– Sim, tudo isso passa através do organismo, renovando-lhe os tecidos, bem rapidamente mesmo, pois em poucos meses (não em sete anos, como outrora se acreditava) o nosso corpo está inteiramente renovado. Volto ainda àquela deslumbrante jovem que há pouco posou diante de nós. Pois bem! Toda aquela carne que admiramos não existia há três ou quatro meses: aqueles ombros, aquele rosto, aqueles olhos, aquela boca, aqueles braços, aquela cabeleira, e até as próprias unhas, todo aquele organismo não é outra coisa além de uma corrente de moléculas, uma chama incessantemente renovada, um rio que contemplamos durante a vida inteira, mas onde nunca revimos a mesma água. Ora, tudo isso é ainda gás assimilado, condensado, modificado, e é, principalmente, ar. Esses mesmos ossos, hoje sólidos, se formaram e solidificaram imperceptivelmente. Não vos esqueçais de que o nosso corpo inteiro é composto de moléculas invisíveis, que não se tocam e que se renovam sem cessar.

Com efeito, a nossa mesa é servida de legumes ou de frutas, se somos vegetarianos, absorvemos substâncias tiradas quase inteiramente do ar: esse pêssego é água e ar; essa pera, essa uva e essa amêndoa são igualmente feitas de ar, de água, de alguns elementos gasosos ou líquidos trazidos pela seiva, pelo calor solar, pela chuva. Aspargo ou folhas, ervilhas ou alcachofras, alface ou chicória, cerejas, morangos ou framboesas, tudo isso vive no ar e pelo ar. O que a terra dá, o que a seiva vai buscar são ainda gases, e os mesmos gases: nitrogênio, oxigênio, hidrogênio, carbono, etc.

Caso se trate de um bife, de um frango ou de outra "carne" qualquer, a diferença não é considerável. O carneiro e o boi nutrem-se de ervas. Quer saboreemos uma perdiz com repolho, uma codorna assada, um peru recheado ou um guisado de lebre, todas essas substâncias, aparentemente tão diversas, não passam de vegetais transformados, os quais não são mais do que um agrupamento de moléculas extraídas dos gases de que acabamos de falar, ar, elementos da água, moléculas em si mesmas quase imponderáveis e, aliás, totalmente invisíveis a olho nu.

Assim, qualquer que seja o nosso tipo de alimentação, o nosso corpo, formado, mantido, desenvolvido pela absorção das moléculas adquiridas pela respiração e pela alimentação, não é, em definitivo, senão uma corrente incessantemente renovada em virtude dessa assimilação, dirigida, regida e organizada pela força imaterial que nos anima. A essa força podemos seguramente dar o nome de alma. Ela agrupa os átomos que lhe convêm, elimina os que lhe são inúteis e, partindo de um ponto imperceptível, de um germe inacessível, chega a construir aqui o Apolo do Belvedere, ao lado, a Vênus do Capitólio. Fídias não é mais do que um grosseiro imitador, se comparado a essa força íntima e misteriosa. Pigmalião torna-se amante da estátua de que foi pai, dizia a mitologia. Engano! Pigmalião, Praxíteles, Michelangelo, Benvenuto e Canova não criaram senão estátuas. Mais sublime é a força que sabe construir o corpo vivo do homem e da mulher.

Mas essa força é imaterial, invisível, intangível, imponderável, como a atração que embala os mundos na universal melodia, e o corpo, por mais material que nos pareça, não é nada além de um harmonioso agrupamento formado pela atração dessa força interior. Vedes, pois, que me mantenho estritamente nos limites da ciência positiva, ao qualificar essa moça com o título de alma vestida de ar, como o somos, vós e eu, nem mais, nem menos.

Desde as origens da humanidade até estes últimos séculos, acreditou-se que a sensação era percebida no próprio ponto em que as pessoas a sentiam. Considerava-se que dor sentida no dedo tinha sua própria sede no dedo. As crianças e muitas pessoas ainda acreditam nisso. A fisiologia demonstrou que a impressão é transmitida da ponta do dedo até o cérebro por intermédio do sistema nervoso. Se cortarmos o nervo, podemos queimar o dedo impunemente, a paralisia é completa. Já se pôde até determinar o tempo que a impressão leva para se transmitir de um ponto qualquer do corpo ao cérebro, e sabemos que a velocidade dessa transmissão é de cerca de vinte e oito metros por segundo. Desde então, tem-se atribuído a sensação ao cérebro. Mas a investigação parou neste ponto.

O cérebro é matéria, como o dedo, e de modo nenhum uma matéria estável e fixa. É uma matéria essencialmente mutável, rapidamente variável, não formando uma identidade.

Não existe, não pode existir em toda a massa encefálica um único lóbulo, uma única célula, uma única molécula que não mude. Uma parada de movimento, de circulação, de transformação, seria uma sentença de morte. O cérebro só subsiste e sente com a condição de sofrer, como todo o resto do corpo, as incessantes transformações da matéria orgânica que constituem o circuito vital.

Não é, pois, e nem pode ser, portanto, em certa matéria cerebral, em certo agrupamento de moléculas que reside a nossa personalidade, a nossa identidade, nosso eu individual, o nosso eu que adquire e conserva um valor pessoal, científico e moral, que cresce com o estudo; o nosso eu que é e se sente responsável pelos seus atos praticados há um mês, um ano, dez anos, vinte anos, cinquenta anos, tempo durante o qual o mais íntimo agrupamento molecular ***mudou*** várias vezes.

Os fisiologistas que afirmam que a alma não existe assemelham-se aos seus antepassados que afirmavam sentir a dor no dedo ou no pé. Eles estão um pouco menos longe da verdade, mas ao fixarem sua atenção no cérebro e ao fazerem o ser humano residir nas impressões cerebrais, eles param no caminho. Essa hipótese é menos desculpável porque esses mesmos fisiologistas sabem perfeitamente que a sensação pessoal é sempre acompanhada de uma modificação da substância. Em outras palavras, o ego do indivíduo não persiste senão quando a identidade de sua matéria deixa de existir.

O nosso princípio de sensibilidade não pode, pois, ser um objeto material; ele é colocado em relação com o Universo pelas impressões cerebrais, pelas forças químicas liberadas no encéfalo em consequência de combinações materiais. Mas ele é ***diferente.***

E a nossa constituição orgânica se transforma perpetuamente sob a direção de um princípio psíquico.

Tal molécula, que é agora incorporada em nosso organismo, vai dele escapar pela expiração, pela transpiração, etc., pertencer à atmosfera durante um tempo mais ou menos longo, depois, ser incorporada em outro organismo, planta, animal ou homem. Todas as moléculas que constituem atualmente o vosso corpo não se encontravam ontem integradas em vossa pessoa, e nenhuma nela estava há alguns meses. Onde se encontravam? – Tanto no ar, quanto em outro corpo. Todas as moléculas que formam agora os vossos tecidos orgânicos, vossos pulmões, vossos olhos, vosso cérebro, vossas pernas, etc., já serviram para formar outros tecidos orgânicos... Todos nós somos mortos ressuscitados, fabricados do pó dos nossos ancestrais. Se todos os homens que viveram até esta época ressuscitassem, haveria cinco por pé quadrado em toda a superfície dos continentes e seriam obrigados, para se manterem, a subir nos ombros uns dos outros; mas eles não poderiam ressuscitar todos integralmente, pois muitas das moléculas serviram sucessivamente a vários corpos. Da mesma forma, os nossos órgãos atuais, divididos um dia em suas últimas partículas, serão incorporados em nossos sucessores.

Cada molécula de ar passa, portanto, eternamente de vida em vida, escapando, de cada uma delas, de morte em morte: por turnos, vento, onda, terra, animal ou flor, ela é sucessivamente incorporada à substância dos inúmeros organismos. Fonte inesgotável onde tudo aquilo que vive toma o seu fôlego, o ar é ainda um reservatório imenso onde tudo o que morre verte o seu último suspiro: sob a sua absorção, vegetais e animais, diversos organismos nascem, depois perecem. A vida e a morte estão igualmente no ar que respiramos e, perpetuamente, uma sucede à outra pela troca das moléculas gasosas; a molécula de oxigênio que se exala do antigo carvalho vai voar aos pulmões de uma criança de berço; os últimos suspiros de um moribundo vão tecer a brilhante corola da flor ou espalhar-se como um sorriso na verdejante campina; e assim, por um encadeamento infinito de mortes parciais, a atmosfera alimenta incessantemente a vida universal desdobrada na superfície do mundo.

E, se imaginais ainda alguma objeção, eu iria mais longe e acrescentaria que as nossas próprias roupas são, assim como os nossos corpos, compostas de substâncias que, primitivamente, foram todas gasosas. Pegai este fio, esticai-o; que resistência! Quantos tecidos, batista, seda, linho, algodão, lã, a indústria não fabricou com o auxílio dessas tramas e dessas cadeias! Entretanto, o que é o fio de linho, de cânhamo ou de algodão? Glóbulos de ar justapostos, que só se mantêm por sua força molecular. O que é esse fio de seda ou de lã? Outra justaposição de moléculas. Haveis de convir, portanto, que as nossas próprias roupas, ainda são ar, gás, substâncias extraídas em princípio da atmosfera, oxigênio, nitrogênio, carbono, vapor de água, etc.

– Observo com prazer –, disse Falero –, que a arte não está tão longe da ciência, como se supõe em certas esferas. Se a vossa teoria é, para vós, puramente científica, para mim é arte, e da melhor. E depois, além disso, por acaso existem na natureza todas essas distinções? Não: na natureza não há nem arte, nem ciência, nem pintura, nem escultura, nem decoração, nem música, nem física, nem química, nem astronomia, nem mecânica, nem meteorologia. Vide este céu, este mar, estes contrafortes dos Alpes, estas róseas nuvens da tarde, estas luminosas perspectivas que se estendem até a Itália; tudo isso é um. Tudo é um. E, tendo em vista que a física molecular nos demonstra que não há mais corpos; que mesmo em uma barra de aço ou de platina os átomos não se tocam; ao menos, que nos restem as almas;

ninguém perderá com isso. – Sim, é um fato contra o qual nenhum preconceito poderia prevalecer: os seres vivos são almas vestidas de ar... Lastimo os mundos desprovidos de atmosfera.

❁ ❁ ❁

Tínhamos voltado de um longo passeio à beira mar, não longe do nosso ponto de partida, e passávamos em frente ao muro ameado de uma vila, dirigindo-nos de Beaulieu para o cabo Ferrat, quando duas elegantíssimas senhoras cruzaram nosso caminho. Eram a duquesa de V. e sua filha, que havíamos encontrado, na quinta-feira precedente, no baile da Prefeitura. Cumprimentamo-las, e desaparecemos sob as oliveiras. Inconsciente filha de Eva, a jovem se voltou para nós, e pareceu-me que súbito rubor purpureava o seu rosto; era sem dúvida o reflexo dos raios do Sol poente.

– Talvez acreditais – disse o artista voltando-se também –, ter diminuído a minha admiração pela beleza? Pois bem! Aprecio-a melhor ainda, saúdo nela a harmonia e, – confessar-vos-ei? – o corpo humano, considerado assim como a manifestação sensível de uma alma diretora, parece-me adquirir por isso mais nobreza, mais beleza e mais luz.

Capítulo VI

Ad Veritatem per scientiam
O testamento científico de Spero

Eu trabalhava, em minha biblioteca, em um estudo sobre as condições da vida na superfície dos mundos governados e iluminados por vários sóis de grandezas e cores diferentes, quando, erguendo os olhos para a lareira, fiquei impressionado com a expressão, diria quase a animação, do rosto da minha querida Urânia. Era a mesma graciosa e viva expressão que outrora – oh! Como a Terra gira depressa e como um quarto de século dura pouco! –, que outrora, naqueles dias da adolescência, tão rapidamente desaparecidos, seduzira-me o pensamento e inflamara-me o coração. Não pude deixar de contemplá-la ainda e de nela pousar os olhos. Realmente, ela continuava sempre bela e as minhas impressões não haviam mudado. Ela me atraía como a luz atrai o inseto. Levantei-me da mesa para dela me aproximar e rever o singular efeito da luz do dia em seu mutável semblante, e me surpreendi de pé, à sua frente, esquecido do trabalho.

O seu olhar parecia vagar ao longe, mas, no entanto, ele se animava e se fixava. Sobre quem? Sobre o quê? Tive a íntima impressão de que ela via realmente e, seguindo a direção daquele olhar fixo, imóvel, solene, embora não severo, meus olhos encontraram o retrato de Spero, suspenso ali, entre duas estantes.

Na verdade, Urânia olhava-o fixamente!

De repente, o retrato desprendeu-se da parede e caiu, quebrando sua moldura.

Precipitei-me. O retrato jazia no tapete e o suave rosto de Spero estava voltado para mim. Levantando-o, encontrei um grande papel amarelecido, que ocupava toda a extensão do retrato, e estava escrito, dos dois lados, com a letra de Spero. Como eu nunca tinha reparado nesse papel? É verdade que poderia ter ficado escondido sob a guarnição da moldura, dissimulado pelo papelão protetor. Com efeito, quando eu trouxe essa aquarela de Kristiania, não me ocorreu examinar sua moldura. Mas quem teria, pois, tido a bizarra ideia de colocar assim aquela folha de papel? Não foi sem viva estupefação que reconheci a letra do meu amigo e percorri aquelas duas páginas. Segundo toda a aparência, elas tinham sido escritas no último dia da vida terrena do jovem pensador, no dia da sua ascensão para a aurora boreal e, certamente, o pai de Iclea quisera conservar em maior segurança esses derradeiros pensamentos, emoldurando-os com o retrato de Spero. Ele se esquecera de me falar sobre o assunto quando me ofereceu em lembrança aquela imagem tão cara, por ocasião da minha romaria ao túmulo dos dois amantes?

De qualquer forma, colocando com precaução a aquarela sobre a minha mesa, senti a mais viva emoção ao reconhecer cada pormenor daquele rosto querido: eram indubitavelmente aqueles olhos tão doces e tão profundos, sempre enigmáticos, aquela fronte ampla, aparentemente tão serena, aquela boca fina e de uma sensualidade reservada, aquela coloração clara do rosto, do pescoço e das mãos; os seus olhos me seguiam, de qualquer lado que estivesse voltado o retrato, e se dirigiam também para Urânia, e assim, ao mesmo tempo, eles se dirigiam para todas as direções. Estranha ideia do artista! Não pude deixar, também, de pensar nos olhos da deusa, que me pareciam estar acariciando dolorosamente a imagem do seu jovem adorador. Como o crepúsculo vem escurecer um dia sereno, uma tristeza divina estendia-se sobre o nobre semblante.

Lembrei-me da misteriosa folha de papel. Estava escrita com uma letra nítida, precisa, sem nenhuma rasura. Transcrevo-a aqui, tal como a encontrei, e sem lhe modificar uma única palavra, uma vírgula, pois esse escrito me parece ser a conclusão natural das narrativas que são objeto desta obra.

Ei-lo, textualmente:

Este é o testamento científico de um espírito que, na própria Terra, empenhou todos os esforços para se manter desligado do peso da matéria e que espera terse libertado dele.

Eu gostaria de deixar, em forma de aforismos, o resultado das minhas pesquisas. Parece-me que não podemos chegar à Verdade senão pelo estudo da natureza, ou seja, pela ciência. Seguem as induções que se me parecem fundamentadas nesse método de observação:

I

O universo visível, tangível, ponderável e em movimento incessante, é composto de átomos invisíveis, intangíveis, imponderáveis e inertes.

II

Para construir os corpos e organizar os seres, esses átomos são regidos por forças.

III

A Força é a entidade essencial.

IV

A visibilidade, a tangibilidade, a solidez, a duração, o peso são propriedades relativas, e não realidades absolutas.

V

Os átomos que compõem os corpos são infinitamente pequenos para a sensação humana:

As experiências feitas sobre a laminação das folhas de ouro mostram que dez mil folhas dessas cabem na espessura de um milímetro. – Chegou-se a dividir um milímetro, sobre uma lâmina de vidro, em mil partes iguais, e existem infusórios[1] tão pequenos que seus corpos inteiros, colocados entre duas dessas divisões, não as tocam; os membros e os órgãos desses seres são compostos de células, estas de moléculas, estas de átomos. – Vinte centímetros cúbicos de óleo estendido sobre um lago chegam a cobrir 4.000 metros quadrados, de modo que a camada de óleo assim espalhada não mede mais do que duzentos milésimos de milímetro de espessura. – A análise espectral da luz revela a presen-

1 N. T. – Ciliados.

ça de um milionésimo de miligrama de sódio em uma chama. – As ondas da luz estão compreendidas entre quatro e oito décimos-milésimos de milímetro, do violeta ao vermelho. São necessárias 2.300 ondas de luz para encher um milímetro. Na duração de um segundo, o éter, que transmite a luz, executa setecentos mil bilhões de oscilações, cada uma das quais é matematicamente definida. O olfato percebe 1/64.000.000 de miligramas de mercaptan[2] no ar respirado. – A dimensão dos átomos deve ser inferior a um milionésimo de milímetro de diâmetro.

VI

O átomo, intangível, invisível, apenas concebível para a nossa mente habituada aos julgamentos superficiais, constitui a única matéria verdadeira, e o que chamamos matéria não é senão um efeito produzido em nossos sentidos pelos movimentos dos átomos, ou seja, uma possibilidade incessante de sensações.

Daí resulta que a matéria, assim como as manifestações da energia, é apenas um modo de movimento. Se o movimento parasse, se a força pudesse ser anulada, se a temperatura dos corpos fosse reduzida ao zero absoluto, a matéria – tal como a conhecemos – deixaria de existir.

VII

O universo visível é composto de corpos invisíveis. Aquilo que vemos, é feito de coisas que não vemos.

Não há senão uma espécie de átomos primitivos; as moléculas constitutivas dos diferentes corpos, ferro, ouro, oxigênio, hidrogênio, etc., diferem apenas pela quantidade, pelo agrupamento e pelos movimentos dos átomos que as compõem.

VIII

O que chamamos matéria desaparece quando a análise científica acredita tê-la apreendido. Mas encontramos como base do Universo e princípio de todas as formas, a força, o elemento dinâmico. Com a minha vontade posso fazer com que a Lua se desvie do seu curso.

Os movimentos de cada átomo, em nossa Terra, são a resultante matemática de todas as ondulações etéreas que

2 N. T. – Tiol.

lhe chegam, com o tempo, dos abismos do espaço infinito.

IX

O ser humano tem por princípio essencial a alma. O corpo é aparente e transitório.

X

Os átomos são indestrutíveis.

A energia que move os átomos e rege o Universo é indestrutível. A alma humana é indestrutível.

XI

A individualidade da alma é recente na história da Terra. – O nosso planeta foi nebulosa, depois sol, depois caos: não existia naquela época nenhum ser terrestre. A vida começou pelos organismos mais rudimentares; progrediu de século em século para atingir seu estado atual, que não é o último. A inteligência, a razão, a consciência, o que chamamos faculdades da alma, são modernas. O espírito gradualmente se separou da matéria, como – se a comparação não fosse grosseira –o gás se libera do carvão, o perfume da flor, a chama do foco.

XII

A força psíquica começou a afirmar-se há trinta ou quarenta séculos nas esferas superiores da humanidade terrestre; sua ação está apenas em sua aurora.

As almas, conscientes da sua individualidade, ou ainda inconscientes, estão, por sua própria natureza, fora das condições de espaço e de tempo. Após a morte dos corpos, como também durante a vida, elas não ocupam nenhum lugar. Algumas vão, talvez, habitar outros mundos.

Só têm consciência de sua existência fora do corpo e de sua imortalidade aquelas que se liberaram dos laços materiais.

XIII

A Terra não é mais que uma província da pátria eterna; faz parte do Céu; o *Céu é infinito*; todos os mundos fazem parte do céu.

Nosso próprio planeta é um navio etéreo que transporta através do Céu uma população de almas, à velocidade de 2.572.000 quilômetros por dia ao redor de uma estrela e, aproximadamente, 740 milhões por ano em direção à constelação de Hércules.

XIV

Os sistemas planetários e siderais que constituem o Universo estão em diversos graus de organização e progresso. A extensão da sua diversidade é infinita; em toda parte os seres estão em relação com os mundos.

XV

Nem todos os mundos atualmente são habitados. A época atual não tem importância maior do que as que a precederam e nem do que as que virão. Tais mundos foram habitados no passado, há bilhões de séculos; outros serão habitados no futuro, em bilhões de séculos. Um dia, nada restará da Terra, e as suas próprias ruínas estarão destruídas.

Mas o nada jamais substituirá o Universo. Se as coisas e os seres não renascessem das suas cinzas, não mais existiria uma única estrela no Céu, pois, desde a eternidade passada, todos os sóis estariam extintos, datando toda a Criação da eternidade.

A duração total da humanidade representa apenas *um momento* na eternidade.

XVI

A vida terrena não é o tipo de vida em outros globos. Uma ilimitada diversidade reina no Universo. Há locais em que a gravidade é intensa, onde a luz é desconhecida, onde o tato, o olfato e a audição são os únicos sentidos; onde, não se tendo formado o nervo óptico, todos os seres são cegos. Há outros onde a gravidade é apenas sensível; onde os seres são tão leves e tão tênues que seriam invisíveis para olhos terrestres; onde sentidos de extrema delicadeza revelam a espíritos privilegiados sensações vedadas à humanidade terrestre.

XVII

O espaço que existe entre os mundos espalhados pelo imenso Universo não os isola uns dos outros. Estão todos em comunicação perpétua uns com os outros pela atração, que se exerce instantaneamente através de todas as distâncias e que estabelece um indissolúvel elo entre todos os mundos.

XVIII

O Universo forma uma única unidade.

XIX

O sistema do mundo físico é a base material, o habitat do sistema do mundo moral ou espiritual. A astronomia deve, portanto, ser a base de toda a crença filosófica e religiosa.

Todo ser pensante traz em si o sentimento, mas também a incerteza da imortalidade. É porque somos as engrenagens microscópicas de um mecanismo desconhecido.

XX

O próprio homem é quem faz o seu destino. Eleva-se ou se rebaixa de acordo com as suas obras. Os seres ligados aos interesses materiais, os avaros, os ambiciosos, os hipócritas, os mentirosos, os filhos de Tartufo, permanecem, como os perversos, nas zonas inferiores.

Mas, uma lei primordial e absoluta rege a Criação: a Lei do Progresso. Tudo se eleva no infinito. As faltas são quedas.

XXI

Na ascensão das almas, as qualidades morais não têm menos valor do que as qualidades intelectuais. A bondade, o devotamento, a abnegação e o sacrifício purificam a alma e a elevam, assim como o estudo e a ciência.

XXII

A criação universal é uma imensa harmonia da qual a Terra é apenas um fragmento insignificante, bastante pesado e incompreensível.

XXIII

A natureza é um perpétuo devir. *O progresso é a lei*. A progressão é eterna.

XXIV

A eternidade não bastaria para uma alma visitar o infinito e tudo conhecer.

XXV

O destino da alma é libertar-se, cada vez mais do mundo material e pertencer definitivamente à *vida uraniana* superior, de onde ela domina a matéria e não sofre mais.

O fim supremo dos seres é a abordagem perpétua da perfeição absoluta e da felicidade divina.

Tal era o testamento científico e filosófico de Spero. Não parece ter sido ditado pela própria Urânia?

As nove Musas da antiga mitologia eram irmãs. As concepções científicas modernas tendem, por sua vez, para a unidade. A astronomia ou o conhecimento do mundo, e a psicologia ou o conhecimento do ser, unem-se hoje para estabelecer a única base sobre a qual possa ser edificada a filosofia definitiva.

P. S. – Os episódios precedentes, as pesquisas e as reflexões que os acompanham, encontram-se reunidos aqui em uma espécie de *Ensaio*, cujo escopo é de trazer algumas referências para a solução do maior dos problemas que possam interessar ao espírito humano. É com tal intuito que a presente obra se oferece à atenção daqueles que, algumas vezes, ao menos, "no meio do caminho da vida", de que fala Dante, se detêm, perguntando-se onde estão e o que são, procuram, pensam e sonham.

FIM

Como lembrança deste livro, o nome ICLEA foi dado ao 286º pequeno planeta descoberto entre Marte e Júpiter, em 3 de agosto de 1889, pelo senhor Palisa, astrônomo do Observatório de Viena.

– O nome Urânia, musa da Astronomia, já havia sido dado, bem tardiamente, entretanto, em 1854, ao 30º desses pequenos planetas, cujo primeiro foi descoberto em 1 de janeiro de 1801.

A ascensão do Espírito de A a Z

RAMATÍS / HERCÍLIO MAES
Organizado por SIDNEI CARVALHO
Formato 14 x 21 cm • 584 p.

Ascensão do Espírito de A a Z - Aprendendo com Ramatís é uma coletânea de textos que nos remete ao âmago dos ensinamentos deste verdadeiro arauto da luz sobre a sublime peregrinação do espírito imortal através de incontáveis romagens, ora em planos densos, ora em dimensões mais sutis, sempre aprendendo e crescendo em intelectualidade e moralidade, a fim de adquirir a consciência cósmica que o torna um "filho de Deus" a auxiliar os irmãos menores que vêm atrás na grande estrada cósmica, na sua busca pela felicidade. Aliás, como diz textualmente o próprio Ramatís: "Trazendo essa coletânea a lume, temos como único escopo facilitar o entendimento do ser humano da Terra em relação ao infinito amor de nosso Pai, demonstrando de forma simples e objetiva as mais diversas nuances que permeiam a ascensão do espírito imortal, ao galgar planos cada vez mais sutis e luminosos até tornar-se um co-criador a planar pelo Infinito a serviço da luz".

Com toda certeza, o leitor vai encontrar aqui o seu luminoso futuro delineado pelo verbo vibrante, poético e esperançoso deste trabalhador do amor, lastreado em sua experiência e no seu conhecimento da mecânica cósmica que leva a criatura a vir a ser um dia um "engenheiro sideral", um colaborador do Ser Supremo na administração do Cosmo. Ao folhear as páginas desta obra, o leitor há de sentir-se incentivado a assumir o controle de seu processo evolutivo, ou seja, alguém que ilumina seus semelhantes com exemplos de fé, confiança, esperança e alegria.

O Novo Homem

IRMÃ TERESA DE JESUS
EDUARDO AUGUSTO LOURENÇO
Formato 14 x 21 cm • 176 p.

Ao homem cabe a sua transformação, renovando atitudes e comportamentos, aprendo a colocar-se sempre no lugar do próximo. Cada um tem dentro de si a imagem de dois homens que travam uma árdua batalha íntima: o homem velho, ainda preso a antigos costumes, que luta por instinto de sobrevivência, e o novo homem, que busca o despertar de sua consciência, procurando servir sem nada esperar em troca.

Nesta nova obra, Irmã Teresa de Jesus aborda este tema com profundidade, preocupando-se em trazer o Evangelho como terapia da alma, roteiro seguro e tranquilo para que os desejam encontrar sua essência divina, construindo no cerne da mente um templo seguro, de paz e de amor. Velhos tópicos são novamente discorridos por ela, a fim de que se esgotem as possibilidades de análise e reflexão, a exemplo da crueldade do aborto, o vício da bebida, a ilusão da vaidade, o veneno da traição, a importância do casamento e da família, a pureza do coração, a cura que liberta, a acidez da crítica, o tormento do desgosto, a estupidez da ira, a gratidão que abençoa, a loucura tortuosa, o pânico do medo, as raízes da vingança, o suicídio e seus traumas, além de outros assuntos edificantes e educativos.

De modo amoroso e suave, ela nos convence de que o Evangelho do Cristo ainda é o melhor caminho a ser percorrido por nossas almas delituosas em busca dos verdadeiros tesouros do coração, libertando-nos das amarras da dor e do sofrimento que imperam no planeta Terra e o tornam um vale angustiante de ódio e vingança.

O amor, segundo Irmã Teresa, transforma o novo homem, é a linguagem dos fortes e dos corajosos; já o orgulho é a fortaleza dos fracos e dos covardes, que usam da violência para impor seus desejos.

O Novo Homem nos incentiva a fazer uma reforma moral sem flagelo e a praticar o cristianismo primitivo que apregoa: "Fora da caridade não há salvação".

Povos Primitivos e Manifestações paranormais

ERNESTO BOZZANO

Formato 14 x 21 cm • 336 p.

Os poderes psíquicos do homem sempre desabrocharam em todas as latitudes do globo, desde os primórdios da humanidade. Nos povos antigos, sobretudo os mais ligados à vida natural, o livre curso dessas faculdades foi e é intrínseco à existência.

Ernesto Bozzano, pesquisador infatigável, considerado o maior conhecedor dos fenômenos metapsíquicos do Ocidente nos primórdios do espiritismo, fez um levantamento fascinante sobre todo o repertório de produções supranormais – hoje mediúnicas – das fontes mais diversas e confiáveis. Trata-se de uma descrição e análise acurada de casos extraordinários de telepatia, clarividência do presente, passado e futuro, levitação, transporte de objetos, materializações, voz direta, aparição de vivos e "mortos", em diversas culturas, não deixando de incluir registros inusitados de magia negra e licantropia. Este último configura um fenômeno de extrema raridade nos registros ocidentais, em se tratando de experiências no mundo físico: seres humanos utilizando corpos de animais.

Povos Primitivos, obra digna da maestria do famoso pesquisador, representa um precioso documento para os estudiosos da fenomenologia psíquica, ao mesmo tempo que fascinante relato para o leitor que se compraz em explorar os territórios mágicos dos poderes psíquicos do ser humano.

A Vida do Espírito de A a Z

ANDRÉ LUIZ / FRANCISCO CÂNDIDO XAVIER

Organizado por SIDNEI CARVALHO

Formato 14 x 21 cm • 344 p.

Nova coletânea de textos de André Luiz, psicografados por seu mais ilustre médium, Francisco Cândido Xavier, ***A Vida do Espírito de A a Z*** nos apresenta uma panorâmica límpida e detalhada sobre a vida no mundo espiritual, brindando-nos com um verdadeiro ***tour*** por paragens até então desconhecidas, que aguardam os seres humanos após a estada na carne. Um mundo totalmente novo, fantástico, e antes inimaginável, é descortinado para o leitor atento. Uma realidade totalmente diversa da que se costuma idealizar e cultuar, decorrente do atavismo trazido do passado reencarnatório, onde céu, inferno, purgatório e limbo despontavam como únicas alternativas para a continuidade da vida após a morte física, surge aqui ante os olhos estupefados dos homens.

Cidades estuantes de vida, trabalho, artes, estudos, lazer, e maravilhosas possibilidades de crescimento; imensas falanges a serviço do bem, levando o consolo e o carinho a encarnados e desencarnados; vales de dor e tristeza incomensuráveis, onde o remorso e a sensação de impotência permeiam a mente e o coração de seus habitantes; mentes perversas, cristalizadas no mal, comandando organizações nefastas que se dedicam a combater o bem e a luz; tudo isso, e muito mais, é demonstrado ao ser encarnado, visando auxiliá-lo a caminhar com mais coragem, esperança e, acima de tudo, muita alegria, nesta bendita hora de conscientização e transformação da humanidade da Terra.

Esta obra é na verdade um primoroso presente para os leitores que desejam ter uma visão global do belíssimo legado que André Luiz nos deixou.

Espíritos nas Escolas

DALMO DUQUE DOS SANTOS

Formato 14 x 21 cm • 112 p.

Nas escolas existem espíritos desencarnados? Podem ocorrer ali fenômenos espíritas? Há especulações filosóficas sobre esse tema?

Dalmo Duque dos Santos, historiador, professor, autor de ***Nova História do Espiritismo***, lembra nesta nova obra que a mesma espiritualidade encontrada nos centros espíritas pode atuar nas escolas ou em qualquer ambiente de trabalho, já que todos somos espíritos e médiuns em maior ou menor grau. Mas como tratar de espiritualidade num contexto em que o paradigma dominante é o da matéria? Não se trata de difundir o espiritismo em sala de aula, mas sim propor que as coisas espirituais sejam ensinadas nas entrelinhas implícitas dos currículos, numa abordagem não formalizada.

Além de reflexões sobre o tema, esta obra apresenta relatos de vivências no ambiente escolar. Segundo o autor, ele é inspirado por espíritos "que parecem ser de uma fraternidade de educadores". E acrescenta: "Socialmente somos professores, mas espiritualmente estamos professores, portadores da candeia, e difusores da luz". Assim sendo, propõe caminhos para o professor consciente da tarefa de clarear as almas e formar uma humanidade melhor.

Pela atualidade das reflexões e abordagem multifacetada, ***Espíritos nas Escolas*** é uma obra altamente recomendável ao universo dos educadores espíritas e espiritualistas.

URÂNIA

foi confeccionado em impressão digital, em março de 2024

Conhecimento Editorial Ltda

(19) 3451-5440 — conhecimento@edconhecimento.com.br

Impresso em Luxcream 80g - StoraEnso